교과서에 나오는 한국사 인물
그림으로 보는 이순신

개정판 1쇄 발행 2022년 5월 10일
개정판 6쇄 발행 2025년 5월 15일

글 김경민 | **그림** 송진욱 | **감수** 황은희

발행인 오형석
편집장 이미현 | **편집** 정은혜 | **디자인** 이희승
발행처 (주)계림북스
신고번호 제2012-000204호 | **등록일자** 2000년 5월 22일
주소 서울시 마포구 창전로 74 여촌빌딩 3층
대표전화 (02)7079-900 | **팩스** (02)7079-956
도서문의 (02)7079-913
홈페이지 www.kyelimbook.com

ⓒ 김경민, 2022
이 책에 실린 글과 그림, 사진의 무단 전재나 복제를 금합니다.

ISBN 978-89-533-3459-5 74900 | 978-89-533-3457-1(세트)

교과서에 나오는 한국사 인물

그림으로 보는
이순신

글 김경민 | 그림 송진욱 | 감수 황은희(서울창원초등학교 교사)

계림북스
kyelimbooks

역사가 들려주는
이야기를 들어 보세요!

    우리는 왜 역사를 배울까요? 역사 속 이야기를 통해 우리 조상들이 살았던 삶과 그들의 생각을 엿볼 수 있기 때문이죠. 또한 역사에 대한 지식과 상상력, 그리고 사고력을 키울 수 있지요. 역사는 세상을 바로 보는 눈을 키워 주고, 앞으로 어떻게 살아야 할지도 생각하게 해 준답니다.

    그렇다면 우리는 어떻게 역사를 알 수 있을까요? 우리가 역사와 만날 수 있는 방법은 매우 다양해요. 그중 하나가 바로 역사 속 인물의 이야기를 듣는 거예요. 특히 우리 역사를 빛낸 위인의 이야기는 그 시대의 역사적 사실을 이해하는 데 많은 도움을 줘요. 그들이 이룬 업적뿐 아니라, 잘 알려지지 않았던 소소한 이야기들을 통해 그들의 삶을 폭넓게 이해할 수 있지요.

　〈그림으로 보는 이순신〉은 나라를 위해 목숨도 아끼지 않은 이순신 장군에 대한 이야기예요. 이 책을 통해 이순신이 나라를 지키기 위해 어떤 생각을 하고, 어떤 노력을 해 왔는지 알 수 있어요. 또 지혜와 용기를 발휘해 어려움을 이겨 내고 나라를 지키는 모습에서 많은 교훈을 얻을 수 있을 거예요.

　어린이 여러분, 지금부터 〈그림으로 보는 이순신〉이 들려주는 역사 이야기를 들어 보세요. 위인들의 노력과 도전 정신을 배워, 앞으로 우리가 만들어 갈 역사와 나의 미래를 설계해 보는 시간도 가져 보세요.

〈그림으로 보는 한국사〉 저자
황은희

차례

멀고도 험한 무인의 길

- 건천동 골목대장 이순신 ······ 12
  - 혼란 속에서 태어난 아이
  - 다시 찾은 할아버지의 명예
  - 전쟁놀이가 좋아!
  - 이순신과 유성룡

  한국사 배움터 ······ 17
  이순신과 유성룡의 영원한 우정

- 끈질긴 도전 정신 ······ 18
  - 아산에서 새 출발
  - 절대로 포기하지 않았어요
  - 드디어 벼슬길에 올랐어요
  - 언제나 준비 완료

  한국사 배움터 ······ 23
  조선 시대 과거 시험

- 벼슬길은 어려워 ······ 24
  - 잘못된 일은 절대 하지 않았어요
  - 서익과의 악연
  - 오직 바른 길로!

- 여진족을 쫓아내다 ······ 28
  - 여진족 우두머리 울지내를 잡았어요
  - 공을 세우고도 인정받지 못했어요

  한국사 배움터 ······ 31
  여진족은 어떤 민족이에요?
  - 첫 번째 백의종군
  - 백의종군이 뭐예요?

  인물 놀이터 다른 그림 찾기 ······ 36

전라좌수사가 되어 계속 승리하다

- 먹구름처럼 몰려드는 전쟁의 기운 ······ 40
  - 일본을 통일한 도요토미 히데요시
  - 선조의 잘못된 선택
  - 전라좌수사가 된 이순신

  한국사 배움터 ······ 45
  전라좌수사가 뭐예요?

- 조선 바다를 지킨 거북선과 판옥선 ······ 46
  - 왜구를 무찌르기 위해 만든 판옥선
  - 거북선이 탄생했어요
  - 조선 배와 일본 배는 무엇이 다를까요?

- 임진왜란의 시작 ·········· 52
  - 일본군이 쳐들어왔어요

한국사 배움터 ·········· 53
조선의 긴급 연락망, 봉수대

  - 한성으로 가는 길을 내줬어요
  - 피란 가는 왕과 분노하는 백성
  - 조선을 의심한 명나라
  - 일본군이 한성을 차지했어요

- 이겼다, 또 이겼다! ·········· 60
  - 첫 승리의 기쁨, 옥포 해전
  - 원균과 이순신의 사이가 나빠졌어요
  - 도망간 군사를 처형했어요
  - 합포와 적진포에서 연달아 승리했어요
  - 기습 공격으로 일본군을 떨게 했어요

한국사 배움터 ·········· 67
이순신의 경쟁자, 원균

- 거북선으로 돌격하라! ·········· 68
  - 사천 해전, 거북선이 처음 등장했어요
  - 어깨에 총을 맞고도 끝까지 싸웠어요
  - 당포 해전에서 승리했어요
  - 당항포 해전, 적의 머리를 탐내는 원균
  - 당항포 해전에 얽힌 기생 월이 이야기
  - 율포 해전에서 일본 장수를 무찔렀어요

- 학익진을 펼쳐라 ·········· 76
  - 가장 좋아하는 사람도, 가장 미워하는 사람도 이순신
  - 한산도 대첩과 학익진
  - 높은 벼슬에 오른 이순신

한국사 배움터 ·········· 82
임진왜란 3대 대첩

인물 놀이터 색칠하기 ·········· 84

수군을 하나로 모아 싸우다

- 치열했던 부산포 해전 ·········· 88
  - 부산포에서 일본군과 싸웠어요
  - 조총에 맞아 목숨을 잃은 돌격 대장, 정운

- 끝까지 백성을 구하라 ·········· 92
  - 백성과 군사를 가족처럼 돌보았어요
  - 끝까지 조선 백성을 구했어요
  - 백성을 불안하게 한 자를 벌줬어요

- **조선에 온 명나라** ················· 96
  - 조선을 버리려 한 선조
  - 치열했던 평양성 전투
  - 도망가는 일본, 주춤거리는 명나라
  - 일본군에 사로잡힌 조선의 두 왕자
  - 가토 기요사마와 고니시 유키나가

- **조선을 뺀 강화 협상** ················· 104
  - 삼도수군통제사가 되었어요
  - 조선을 뺀 강화 협상을 했어요
  - 적을 공격하지 말라니요?

- **백성이 힘을 합쳐 싸웠어요** ················· 110
  - 벌떼처럼 일어난 의병
  - 의병장, 홍의 장군 곽재우

한국사 배움터 ················· 112
의병들의 활동
  - 권율의 행주 대첩
  - 김시민과 곽재우가 힘을 합쳐 싸웠어요
  - 억울하게 희생된 의병장들

- **인내하고 또 인내하고** ················· 118
  - 점점 심각해지는 전염병과 굶주림
  - 조선 군사들 식량도 모자라거늘
  - 물길 대장 어영담이 전염병으로 죽었어요
  - 견내량에서 일본군을 살폈어요
  - 이순신을 모함하는 조선 조정

- **군사도 부족하고 식량도 부족하고** ················· 125
  - 한산도에서 열린 무과 시험
  - 수군은 너무 힘들어!
  - 청어는 소중한 식량이었어요
  - 바다를 건너려면 세금을 내시오

- **최고의 무기를 손에 넣어라!** ················· 130
  - 일본군에 맞선 조선의 무기들
  - 조총을 따라잡았어요
  - 염초 천 근을 만든 이봉수

- **수군을 강하게 만든 이순신의 지도 능력** ················· 136
  - 정탐꾼을 이용한 정보 수집
  - 부하들과 끊임없이 소통했어요
  - 전쟁 중에도 책 읽기를 멈추지 않았어요

한국사 배움터 ················· 140
조선판 보드 게임 <승경도놀이>
  - 모든 일에 앞장선 이순신

한국사 배움터 ················· 143
<난중일기>가 유네스코 세계기록유산이 되었어요

인물 놀이터 숨은그림찾기 ················· 144

빼앗긴 바다를 되찾다

- **두 번째 백의 종군** ……………………… 148
  - 고니시 유키나가의 작전에 말려든 선조
  - 죄인이 되어 한산도를 떠났어요
  - 백의종군하여 공을 세우라
  - 어머니 장례도 못 치렀어요

- **바다를 빼앗긴 조선** ……………………… 154
  - 엇갈리는 공격 전술
  - 칠천량 해전에서 목숨을 잃은 원균
  - 바다를 빼앗긴 조선이 위험에 처했어요

- **기적의 승리, 명량 대첩** ………………… 159
  - 다시 삼도수군통제사가 되었어요
  - 신에게는 아직 12척의 배가 있습니다
  - 아들 면이 목숨을 잃었어요

인물 놀이터 틀린 그림 찾기 ……………… 164

죽어서도 영웅이 되다

- **죽음으로 지킨 승리** ……………………… 168
  - 명나라는 누구 편일까요?
  - 도요토미 히데요시의 죽음과 도망가는 일본군
  - 이순신의 마지막 전투, 노량 대첩
  - 충무공이라 불리게 되었어요

한국사 배움터 …………………………… 175
공신이 되면 좋은가요?

- **사라진 쌍룡검과 남겨진 숙제** …………… 176
  - 아산 현충사에서 다시 만난 이순신
  - 사라진 쌍룡검을 찾아라!
  - 우리와 영원히 함께 사는 이순신

인물 놀이터 감사 편지 쓰기 ……………… 182

인물 놀이터 정답 ………………………… 184

〈부록〉이순신 연보

이순신은 어려서부터 전쟁놀이 대장을 도맡아 했어요.

하지만 진짜 장수가 되기까지는 무척 오랜 시간이 걸렸지요.

힘들게 장수가 되었지만 강직한 성격 탓에 미움을 받고 억울한 일을 당하기도 했어요.

하지만 이순신은 끝까지 자신의 뜻을 굽히지 않았어요.

지금부터 이순신의 어린 시절과 장수로서의 첫 발걸음을 함께 지켜볼까요?

건천동 골목대장 이순신

혼란 속에서 태어난 아이

"이 아이는 나라에 큰일을 하게 될 것이니 귀하게 키우거라!"
이순신의 어머니는 이순신을 낳기 전 돌아가신 할아버지를 꿈에서 만났어요. 꿈 이야기를 들은 이순신의 아버지 이정은 무척 기뻤어요. 얼마 뒤, 1545년 4월 28일(음력 3월 8일) 한성 건천동에서 이순신이 태어났어요. 이정은 중국 이야기에 나오는 어진 왕인 복희씨, 요임금, 순임금, 우임금의 이름을 따서 아들들의 이름을 지었어요. 첫째는 희신, 둘째는 요신, 셋째는 순신, 넷째는 우신이었지요. 네 아들 모두 어진 임금을 섬기는 훌륭한 신하가 되기를 바라는 마음이었어요.

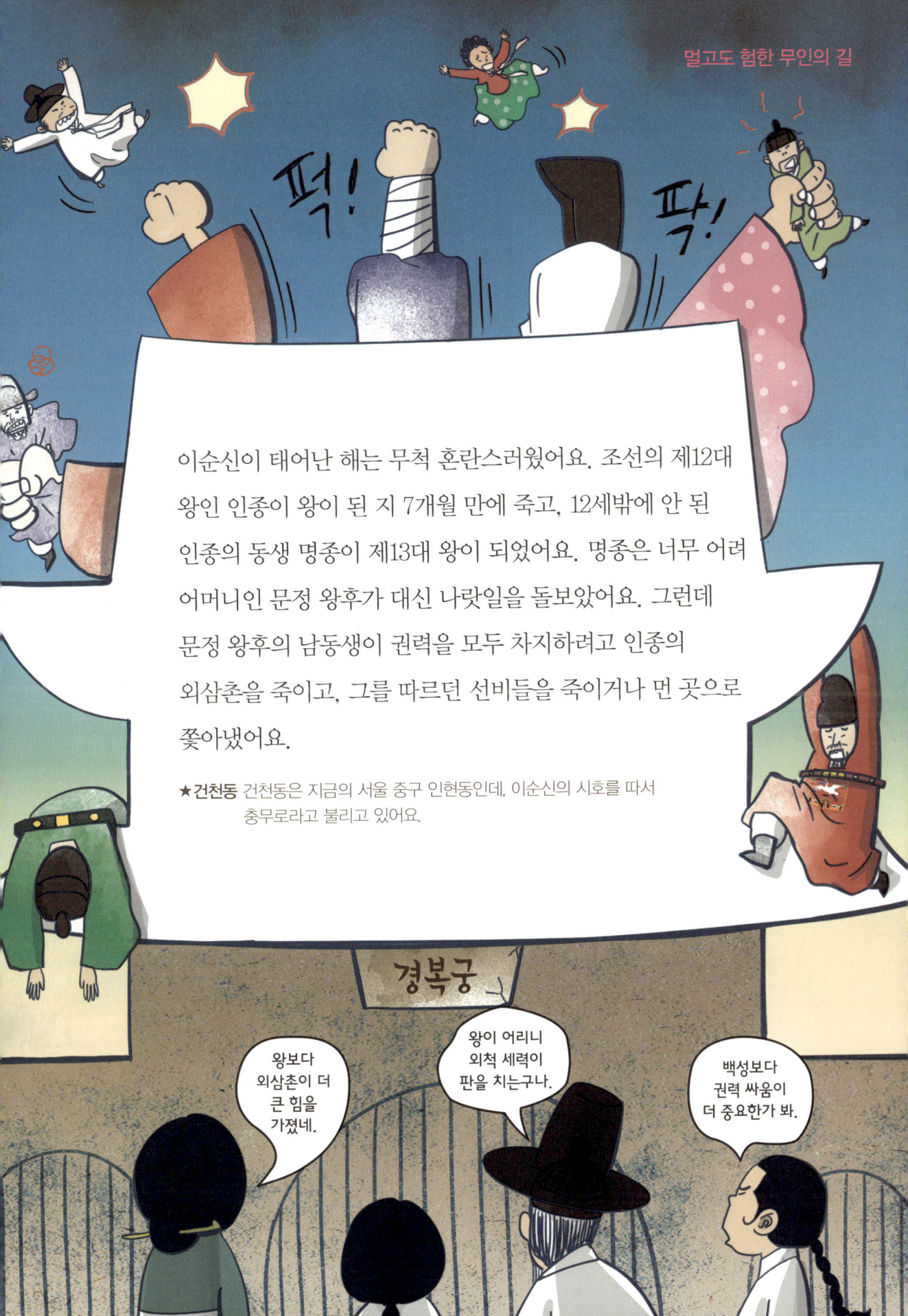

멀고도 험한 무인의 길

이순신이 태어난 해는 무척 혼란스러웠어요. 조선의 제12대 왕인 인종이 왕이 된 지 7개월 만에 죽고, 12세밖에 안 된 인종의 동생 명종이 제13대 왕이 되었어요. 명종은 너무 어려 어머니인 문정 왕후가 대신 나랏일을 돌보았어요. 그런데 문정 왕후의 남동생이 권력을 모두 차지하려고 인종의 외삼촌을 죽이고, 그를 따르던 선비들을 죽이거나 먼 곳으로 쫓아냈어요.

★ **건천동** 건천동은 지금의 서울 중구 인현동인데, 이순신의 시호를 따서 충무로라고 불리고 있어요.

경복궁

왕보다 외삼촌이 더 큰 힘을 가졌네.

왕이 어리니 외척 세력이 판을 치는구나.

백성보다 권력 싸움이 더 중요한가 봐.

다시 찾은 할아버지의 명예

이순신의 할아버지인 이백록은 억울한 사건에 휘말려 매를 맞고 병을 얻어 죽었어요. 죄인의 신분이 된 이순신 가문은 과거 시험을 통해 벼슬할 자격을 빼앗겼어요. 이순신의 아버지 이정은 이백록의 억울함을 풀고자 나라에 호소★했어요. 다행히 이정의 호소가 받아들여져 이백록의 명예를 되찾을 수 있었어요. 그 덕분에 이순신은 과거 시험을 볼 수 있게 되었어요.

★**호소** 억울하거나 딱한 사정을 남에게 간곡하게 말하는 거예요.

멀고도 험한 무인의 길

전쟁놀이가 좋아!

이순신이 살던 건천동에는 군사를 훈련하던 훈련원이 있었어요. 군사들이 훈련하는 모습을 보고 자란 건천동 아이들은 자연스럽게 전쟁놀이를 즐기게 되었지요. 그중에서도 이순신은 군사를 배치하고 작전을 짜는 능력이 뛰어나 언제나 대장 노릇을 했어요.

나를 따르라!

아이고, 시끄러.

이순신과 유성룡

함께 서당에 다니던 이순신과 유성룡이 집으로 가던 길이었어요.
둘은 잘 익은 살구나무 가지가 담장 밖으로 나온 것을 보았어요.
유성룡이 달려가 가지를 마구 흔들자 살구가 바닥으로 떨어졌어요.
"살구가 떨어졌다! 순신아, 먹어!"
"안 돼. 그건 남의 거잖아."
유성룡은 남의 것을 함부로 대하지 않는 이순신의 강직한 모습을 알게 되었지요.

이순신과 유성룡의 영원한 우정

이순신과 유성룡은 어린 시절 함께 서당에 다녔어요. 유성룡은 이순신의 둘째 형인 요신의 친구였어요. 유성룡이 이순신보다 세 살이 많았지만 둘은 친구처럼 지냈지요. 두 사람의 우정은 어른이 되어서도 변하지 않았어요. 유성룡은 왕을 가까이 모시며 이순신에게 어려운 일이 생길 때마다 도움을 주었지요. 이순신을 수군 장수로 추천해서 나라를 지킬 수 있게 한 것도 유성룡이었어요. 유성룡은 자신이 직접 쓴 〈증손전수방략〉이라는 전투 방법이 적힌 책을 선물하기도 했어요. 이순신은 이 책을 부하들과 함께 보며 전투 연습을 하기도 했어요.

끈질긴 도전 정신

아산에서 새 출발

어느 날, 이순신은 외갓집이 있는 충남 아산 백암리로 이사를 가게 됐어요. 아버지 이정이 벼슬을 하지 않아 가정 형편이 어려워져 외가의 도움을 받아야만 했기 때문이지요. 이순신은 유성룡과도 아쉬운 이별을 하게 되었어요. 유성룡과 다시 만날 날을 약속하며 열심히 공부해 훌륭한 사람이 되기로 다짐했지요.

멀고도 험한 무인의 길

어느덧 세월이 흘러 21세가 된 이순신은 방진이라는 사람의 딸과 결혼했어요. 방진은 그 지역에서 활을 잘 쏘기로 유명했어요. 방진의 영향을 받은 이순신은 나라를 지키는 장수가 되기로 결심했어요. 장수가 되려면 무과 시험에 합격해야 했어요. 이순신은 말타기, 활쏘기, 칼싸움 등을 연습했어요. 〈무경칠서〉라는 장수들이 읽는 전투 방법을 다룬 책도 읽었지요.

절대로 포기하지 않았어요

"저런! 말에서 떨어졌어!"

"심하게 다친 거 같은데, 괜찮을까?"

무과 시험장 여기저기서 걱정하는 소리가 들려왔어요. 시험 도중 이순신이 말에서 떨어졌거든요. 하지만 이순신은 이를 악물고 다시 일어났어요. 부러진 다리는 버드나무 가지로 꼭 싸매고 말 위에 올라 시험을 끝까지 치렀지요. 1572년 8월, 28세에 도전한 첫 무과 시험은 실패했지만 끝까지 도전하는 정신은 인정받았답니다.

드디어 벼슬길에 올랐어요

1576년 2월, 이순신이 드디어 무과 시험에 합격했어요. 이순신 나이 32세, 시험을 준비한 지 십 년 만의 합격이었지요. 이순신은 그해 12월에 함경도 백두산 골짜기 아래 여진족과 마주하고 있는 '동구비보'라는 지역을 지키는 관리가 되었어요. 동구비보는 여진족이 자주 쳐들어오는 지역이라 매우 위험한 곳이었어요. 하지만 이순신은 겁먹지 않고 그곳을 꼭 지켜 내겠다고 다짐했어요.

언제나 준비 완료

하루는 이후백이라는 관리가 동구비보에 왔어요. 그는 국경을 잘 지키고 있는지 검사하러 왔다가 갑자기 활쏘기 시험을 봤어요. 대부분의 장수는 활쏘기 연습을 게을리하고, 무기나 방어 시설도 제대로 관리하지 않아 혼쭐이 났어요. 하지만 이순신은 빈틈이 없었지요.

"그대는 활쏘기 실력도 뛰어나고, 무기 관리도 일등이니 칭찬하지 않을 수 없구나!"

1579년, 이순신은 성실함을 인정받아 훈련원으로 옮겨 무과 시험 관리와 승진 업무를 맡았어요.

★훈련원 조선 시대에 군사의 시험, 무예 연습, 병서의 강습을 맡아보던 곳이에요.
★승진 직무나 등급, 계급이 오르는 것을 말해요.

조선 시대 과거 시험

조선 시대 때 벼슬을 하려면 과거 시험에 합격해야만 했어요. 과거 시험은 문과, 무과, 잡과로 나뉘었어요.

문과는 문관을 뽑는 시험이었어요. 초시, 복시, 전시의 3단계 시험이 있었어요. 전시에서 가장 높은 점수를 받은 사람을 '장원'이라고 불렀지요.

무과는 나라를 지키는 장수를 뽑는 시험으로 〈무경칠서〉와 활쏘기, 말타기 등의 무예 실력을 보았어요. 〈무경칠서〉는 전투 방법을 다룬 일곱 권의 책이에요. 즉, 무과 시험은 무예 실력에 글공부 실력까지 갖춰야 하는 셈이었지요.

잡과는 기술관을 뽑는 시험인데 양반들은 보지 않고 대개 중인들이 응시했어요.

무예 실력과 글 실력을 키우려니 바쁘구나!

벼슬길은 어려워

잘못된 일은 절대 하지 않았어요

하루는 서익이라는 관리가 훈련원에서 승진을
관리하는 이순신을 찾아와 자신과 친한 사람을
승진시키라고 명령했어요. 이순신은
명령에 따를 수 없었어요.
"아무에게나 승진의 기회를 주면
당연히 승진해야 할 누군가가 그 기회를
잃게 됩니다. 이는 공평하지 않습니다.
법도에도 어긋나는 일입니다."
이순신은 자신보다 지위가 높은 사람의
명령이라도 잘못된 일은 절대로
받아들이지 않았어요.

멀고도 험한 무인의 길

이순신의 강직한 모습은 '오동나무 사건'에서도 나타났어요. 이순신이 발포(전라남도 고흥군 도화면 위치)에서 수군을 관리하고 있을 때였어요. 전라좌수사인 성박이 자신의 거문고를 만들기 위해 오동나무를 베어 오라고 시켰어요. 이순신은 단호하게 말했지요.

"이 나무는 나라의 것입니다. 누구도 함부로 베어 갈 수 없습니다."

화가 난 성박이 자신의 뒤를 이어 전라좌수사가 된 이용에게 이순신을 벌주라고 부탁했어요. 하지만 이순신은 흠잡을 곳이 없었어요. 이용은 오히려 이순신을 높게 평가해 함경도 육군 책임자인 병마절도사로 갈 때 이순신을 데려갔어요.

서익과의 악연

서익은 이순신이 훈련원에 있던 시절 자신의 명령을 어긴 것에 대해 복수하고 싶었어요. 그러다 우연히 이순신이 있는 발포 지역으로 무기 점검을 하러 가게 되었어요. 서익은 이순신이 무기 관리를 소홀히 하고 있다고 나라에 거짓 보고를 했어요. 그 때문에 이순신은 억울하게 발포에서 쫓겨나고 말았어요.

멀고도 험한 무인의 길

오직 바른 길로!

벼슬에서 쫓겨난 이순신은 무엇을 해야 할지 막막했어요. 그 모습을 안타깝게 여긴 유성룡은 당시 높은 벼슬에 있던 이이와 이순신을 만나게 하려 했어요. 이이의 한마디면 이순신은 곧바로 벼슬길에 오를 수 있기 때문이에요. 게다가 이순신과 이이는 먼 친척이기도 했어요. 하지만 이순신은 거절했어요. 누군가의 힘을 빌려 벼슬에 오르는 게 옳지 않다고 생각했던 거예요. 다행히 이순신은 4개월 만에 다시 훈련원에서 일할 수 있게 되었어요. 그 뒤, 함경도에서 여진족의 침략을 막아 내는 일을 하게 되었지요.

여진족을 쫓아내다

여진족 우두머리 울지내를 잡았어요

함경도에 사는 백성은 무척 힘들었어요. 때때로 여진족의 우두머리인 울지내가 말을 타고 나타나 백성을 괴롭혔기 때문이에요. 이순신은 울지내를 잡기 위해 작전을 짰어요. 우선 부하 한 명을 장사꾼으로 변장시켜 울지내에게 사로잡히게 한 다음, 귀한 보물이 많은 곳을 안다고 거짓 정보를 흘리게 했지요.

멀고도 험한 무인의 길

보물이 탐난 울지내는 여진족 군대를 이끌고 나타났어요. 이순신은 울지내에게 쫓겨 도망가는 척하면서 깊은 계곡으로 유인했어요. 계곡은 너무 깊고 험해 더 이상 말을 타고 움직일 수 없었어요. 여진족은 말에서 내려야 했지요. 그때 계곡에 숨어 있던 이순신과 군사들이 공격을 퍼부었어요. 말이 없는 여진족은 아무런 힘도 쓰지 못했고, 결국 우두머리인 울지내를 사로잡는 데 성공했어요.

"울지내를 잡았다!"

"말만 있었어도 쉽게 잡히지 않았을 텐데."

"여진족에게 말을 빼면 별것도 아니구먼."

공을 세우고도 인정받지 못했어요

이순신은 울지내를 잡았지만 상을 받지 못했어요. 김우서라는 장수가 자기보다 지위가 낮은 이순신이 공을 세우자 샘이 나 거짓말을 했기 때문이에요.
"전하, 이순신은 위험한 인물입니다. 윗사람과 의논도 하지 않고 자기 마음대로 군사를 움직였습니다!"
명종의 뒤를 이어 14대 왕이 된 선조는 김우서의 말만 믿고 이순신에게 상을 주지 않았어요.
그런 상황에서 이순신은 아버지의 죽음까지 겪어 커다란 슬픔에 빠졌어요.

여진족은 어떤 민족이에요?

한반도 북쪽에 살던 '말갈족'은 발해의 지배를 받았어요. 그러다 발해가 거란족에게 멸망하자 거란족의 지배를 받으며 '여진족'이라 불렸지요. 고려 초기 여진족은 고려를 부모의 나라로 섬겼어요. 하지만 여진족의 힘이 점점 커져 금나라를 세우자 고려 땅을 자주 침범했어요. 그 뒤, 금나라는 원나라에 의해 멸망하고, 원나라 다음에 세워진 명나라의 지배를 받았어요. 여진족은 명나라의 지배를 받으면서도 끊임없이 반란을 일으켰어요. 여진족은 뒤에 '만주족'이라 불리며 후금(청나라)을 세워 명나라를 멸망시킬 만큼 힘이 세졌어요. 청나라는 명나라와 친하게 지내던 조선도 공격해서 백성을 공포에 떨게 만들었답니다.

> 다 비켜라! 우리 여진족의 시대가 왔다!

> 엊그제만 해도 우리한테 지배 당하더니 언제 저리 컸단 말이냐.

첫 번째 백의종군

아버지의 죽음을 슬퍼하며 3년을 보낸 이순신은 함경도의 조산보를 관리하다 다음 해는 녹둔도까지 관리하게 됐어요. 녹둔도는 두만강 쪽의 섬으로 토지가 비옥해 농사짓기 좋았어요. 그래서 여진족이 호시탐탐 노리고 있었지요. 이 사실을 안 이순신이 이일이라는 장수에게 녹둔도에 군사를 늘려 달라 여러 번 부탁했지만 들은 척도 하지 않았어요. 그러던 어느 날 여진족이 쳐들어왔어요. 이순신은 다리에 화살을 맞고도 여진족 장수를 죽이고, 붙잡혀 있던 조선의 군사를 구했어요. 하지만 많은 식량과 군사를 잃은 뒤였어요.

백의종군이 뭐예요?

백의종군은 조선 시대 군대의 벌 중 하나예요. 군복을 벗고 흰옷만 입은 채 군대에서 일하는 것이지요. 하지만 신분이 낮아져 군사로 일하는 것은 아니었어요. 원래의 직책이나 맡은 일이 잠시 정지된 상태일 뿐 신분은 그대로 유지되었지요. 전투에서 공을 세우면 다시 원래의 직책으로 돌아갈 수 있었어요.

멀고도 험한 무인의 길

이순신은 두 번의 백의종군을 겪었어요. 첫 번째 백의종군은 녹둔도 전투에서 진 것에 대한 벌이었어요. 다행히도 여진족을 물리치는 공을 세우고 다시 원래의 직책으로 돌아갈 수 있었어요. 두 번째 백의종군은 임진왜란 당시 일본군을 공격하라는 명령을 어겼다는 이유 때문이었어요. 하지만 원균이 칠천도(경상남도 거제시의 섬)에서 크게 지자, 이순신의 직책을 다시 돌려주었답니다.

인물 놀이터

이순신은 어린 시절 전쟁놀이를 즐겨했어요.
이순신의 어린 시절 그림 속에 다른 곳이 다섯 군데 있어요.
찾아 ○해 보세요.

전쟁의 기운을 느낀 선조는 나라를 지킬 장수를 찾았어요.
유성룡이 이순신을 전라좌수사로 추천했어요.
이순신은 임진왜란이 일어나자 조선 수군을 이끌고 일본군과 싸워 이겼어요.
계속된 승리로 일본군은 함부로 조선의 바다를 넘보지 못했지요.
전라좌수사 이순신과 함께 치열한 임진왜란 속으로 떠나 볼까요?

먹구름처럼 몰려드는 전쟁의 기운

일본을 통일한 도요토미 히데요시

일본은 오랫동안 무사들이 나라를 다스렸어요. 그러자 각 지방 세력가들이 불만을 품고 일어나 100년 동안 전쟁을 치렀어요. 그 길고 긴 싸움을 마무리한 사람이 오다 노부나가예요. 오다 노부나가는 평민 출신 부하인 도요토미 히데요시를 가장 아꼈어요. 오다 노부나가가 죽자 도요토미 히데요시가 자연스럽게 최고 권력자가 되어 일본을 통일했어요.

전라좌수사가 되어 계속 승리하다

최고의 무기인 조총이다. 이제 칼은 넣어 두라고.

조총

　새로운 무기인 '조총'은 도요토미 히데요시가 일본을 통일하는 데 큰 힘이 되었어요. 조총은 날아가는 새도 떨어뜨릴 만큼 대단하다 하여 붙여진 이름이에요. 도요토미 히데요시는 지방 세력가들을 자기편으로 만들기 위해 노력했어요. 일본을 완벽하게 통일하려면 지방 세력가의 힘을 하나로 모아야만 했거든요. 지방 세력가 중에는 명나라와 무역을 하고 싶어 하는 상인도 있었어요. 그래서 도요토미 히데요시는 조선에 명나라로 가는 길을 내어 달라 협박하면서, 부산과 가까운 곳인 나고야에 성을 짓고, 조선 침략을 준비했답니다.

선조의 잘못된 선택

선조는 도요토미 히데요시가 나고야에 성을 짓자 불안했어요. 그래서 신하인 황윤길과 김성일을 일본으로 보내 도요토미 히데요시가 조선을 침략할 만한 사람인지 알아보게 했어요. 하지만 두 사람의 의견은 엇갈렸어요.
"도요토미 히데요시는 조선을 침략할 것입니다. 전쟁 준비를 서둘러야 합니다!"
황윤길은 도요토미 히데요시가 위험한 인물이라고 했어요.

전라좌수사가 되어 계속 승리하다

"아닙니다. 도요토미 히데요시는 전쟁을 일으킬 만한 인물이 아닙니다."
김성일은 황윤길과 반대 의견이었어요. 김성일의 눈에 비친 일본과 도요토미 히데요시는 조선과 전쟁을 벌일 만큼 대단해 보이지 않았거든요. 게다가 조선 백성이 혼란에 빠질까 봐 걱정되기도 했지요.
선조는 전쟁이 일어나지 않을 거라는 김성일의 의견에 귀를 기울였어요.
한편, 이 사건에 대해서는 학자마다 생각이 조금씩 달라요. 김성일과 황윤길의 의견이 달랐던 이유가 서로 다른 정치 세력이었기 때문이라고 보기도 한답니다.

전라좌수사가 된 이순신

뒤늦게 전쟁의 기운을 느낀 선조는 부랴부랴 바다를 지킬 장수를 찾았어요. 그때 유성룡이 전라좌수사 자리에 이순신을 추천했어요.

"이순신은 성품이 강직하고, 군사를 잘 지휘하며, 무예가 뛰어납니다."

유성룡은 오래전부터 이순신의 뛰어난 능력과 곧은 성품에 대해 잘 알고 있었어요. 이렇게 이순신은 전라좌수사가 되었답니다.

이순신을 추천합니다!

성격 매우 강직함.

경력 여진족 소탕에 앞장섬. (족장도 잡음)

오! 전라좌수사로 딱이구나.

이순신만 한 장군감은 없습니다!

친구 하나는 잘 됐구먼….

전라좌수사가 뭐예요?

임진왜란 당시 조선의 바다를 지키는 수군은 좌수영과 우수영으로 나뉘었어요. 수도인 한성을 중심으로 왼쪽에 있으면 좌수영, 오른쪽에 있으면 우수영이라고 하였지요. 좌수영을 맡은 장수를 좌수사, 우수영을 맡은 장수를 우수사라고 불렀어요. 부산에 있는 경상좌수사는 박홍, 거제 또는 통영에 있는 경상우수사는 원균, 해남에 있는 전라우수사는 이억기, 여수에 있는 전라좌수사는 이순신이었어요.

이순신은 경상도가 무너지면 전라도도 위험해지기 때문에 경상우수사였던 원균과 힘을 합쳐 일본군을 물리쳐야 했어요. 이렇듯 조선 수군은 일본에 바다를 빼앗기지 않기 위해 힘썼어요.

조선 바다를 지킨 거북선과 판옥선

왜구를 무찌르기 위해 만든 판옥선

"판옥선의 수를 더 늘려야 한다. 서둘러라!"

이순신은 판옥선을 만드는 데 많은 노력을 했어요. 판옥선은 공격용 배로 1555년에 만들어졌어요. 판옥선은 2층 구조였어요. 그래서 다른 배보다 높아 적이 함부로 배 위로 뛰어오르지 못했어요. 아래층에서는 노를 젓고 위층에서는 공격을 했지요.

전라좌수사가 되어 계속 승리하다

판옥선은 화포 위치도 높았기 때문에 적의 배를 명중시킬 확률도 높았답니다. 왜구라 불리는 일본 해적들은 끊임없이 조선을 괴롭혔어요. 일본은 섬나라여서 해적이 많았지요. 왜구는 1510년 삼포왜란, 1544년 사량진왜변, 1555년 을묘왜변을 일으켜 바닷가에 사는 조선 백성의 생명과 재산을 빼앗았어요. 조선은 왜구의 침입을 막기 위해 판옥선을 만들었던 거예요. 조선은 임진왜란이 일어난 1592년보다 30여 년이나 먼저 일본을 무찌를 준비를 한 셈이지요.

거북선이 탄생했어요

거북선이라는 이름이 처음 등장한 것은 조선의 세 번째 왕인 태종이 나라를 다스릴 때예요. 하지만 이름만 전해졌지요. 이순신이 거북선을 다시 만든 것은 임진왜란이 일어나기 1년 전부터였어요. 그러다 운명처럼 임진왜란이 터지기 하루 전날 거북선이 완성되었지요. 거북선은 돌격용 배로, 판옥선을 고쳐 만들었어요. 단단한 소나무로 배를 만들고 느티나무, 팽나무, 녹나무 등으로 밖을 감쌌지요. 특히, 녹나무는 가벼울 뿐 아니라 쇠처럼 단단하고 썩지도 않았어요.

전라좌수사가 되어 계속 승리하다

거북선은 검은색 거북 등에 용머리를 하고 있는 현무를 상징해요. 현무는 거북을 닮은 사신* 중 하나로 지혜와 장수를 상징하지요. 거북선의 등에는 쇠못을 박아 일본군이 뛰어들지 못하게 하고, 배의 사방에 화포를 설치했어요. 용머리 입에서는 불을 뿜어내거나 화포를 쏘면서 적을 뚫고 들어갔어요. 조선 수군에게 거북선은 조선 바다를 지켜 주는 수호신 같은 존재였지요.

★**사신** 네 방향을 지키는 신이에요. 동쪽은 청룡, 서쪽은 백호, 남쪽은 주작, 북쪽은 현무예요.

조선 배와 일본 배는 무엇이 다를까요?
조선의 판옥선은 단단한 소나무 판자에 나무못을 박아 고정했어요.
나무못은 물에 젖을수록 더욱 단단해져요. 일본 배는 가벼운 삼나무 판자에
쇠못을 박아 배가 움직일 때마다 구멍이 점점 넓어져 물이 샜어요. 그래서
판옥선과 부딪히면 쉽게 부서졌지요.

전라좌수사가 되어 계속 승리하다

일본 배는 가벼워서 무거운 화포를 실을 수 없었어요. 그래서 조총 같은 작은 무기로 공격하거나 상대편 배에 빠르게 접근해 뛰어올라 몸싸움을 했어요. 일본 배는 밑바닥이 V자형이라 속도를 내기에는 좋았으나 갑자기 방향을 바꾸기가 어려웠어요. 하지만 판옥선은 배 밑바닥이 U자형이라 안정적으로 방향을 바꿀 수 있고 속도도 빨랐지요.

으악! 배가 뒤집힐 것 같아!

임진왜란의 시작

일본군이 쳐들어왔어요

1592년 4월 13일(음력. 이하 모두 음력) 조총을 가진 일본군이 부산에 쳐들어왔어요. 조총은 방패를 뚫을 정도로 강력했지요. 일본군은 호랑이 가죽과 닭털 등으로 갑옷을 꾸미고, 도깨비 모양의 가면을 썼어요. 말에게도 무시무시한 가면을 씌웠지요.

조선 백성은 일본군을 보고 두려움에 떨었어요.

한국사 배움터

조선의 긴급 연락망, 봉수대

오늘날의 휴대 전화 같은 통신 수단이 없던 시절, 적이 나타나면 어떻게 소식을 전했을까요? 봉수대는 밤에는 횃불을 켜고, 낮에는 연기를 피워 나라의 긴급 상황을 알리는 통신 수단이었어요. 전국에 340개의 봉수대가 있어 빨리 올리면 12시간 안에 한성에 있는 왕에게 긴급 상황이 보고됐지요. 하지만 임진왜란 때는 부산이 일본군에 의해 쑥대밭이 되는 바람에 3일이나 지나서야 한성에 보고되었어요.

봉수대에는 불이나 연기를 피울 수 있는 연대가 다섯 개 있어요. 하나를 올리면 편안하다는 뜻, 두 개를 올리면 적이 나타났다는 뜻, 세 개를 올리면 적이 국경에 가까이 왔다는 뜻, 네 개를 올리면 적이 국경을 넘었다는 뜻, 다섯 개를 올리면 적과 싸우는 중이라는 뜻이었어요. 불태우는 땔감에 따라 연기의 빛깔이 달랐는데, 빛깔에 따라 전달하는 내용도 달랐다고 해요.

한성으로 가는 길을 내줬어요

1592년 4월 28일 신립 장군은 적은 수의 군사를 이끌고 충주 탄금대에서 일본군과 싸웠어요. 일본군에 대한 정보가 너무 없고, 제대로 훈련받은 군사도 부족했지만 전투에서 물러날 수 없었어요. 신립 장군은 말을 타고 공격하는 전술로 일본군을 막아 내려 했어요. 하지만 끊임없이 밀려오는 일본군을 당해 낼 수가 없었어요. 신립 장군은 전투에서 지자 강물에 뛰어들어 스스로 목숨을 끊었어요.

전라좌수사가 되어 계속 승리하다

신립 장군의 패배 뒤, 일본군은 한성으로 나아갔어요. 일본 장수인 고니시 유키나가는 가는 길에 혹시나 조선군이 숨어 있다 공격할까 봐 가슴을 졸였어요. 하지만 조선군은 그 사실도 모른 채 잔뜩 겁을 먹고 한성으로 가는 길을 쉽게 열어 주고 말았어요.

피란 가는 왕과 분노하는 백성

신립이 전투에서 지고, 일본군이 한성으로 오고 있다는 이야기를 들은 선조는 한성을 떠날 결심을 세웠어요.
"백성을 버리고 가는 것은 아니 될 일입니다!"
"왕이 살아야 백성도 사는 것입니다. 몸을 피하는 것이 옳습니다!"
선조와 신하들이 갈팡질팡하는 사이 일본군이 한성에 가까이 다가왔어요.
선조는 서둘러 둘째 아들인 광해군을 세자로 정하고, 큰 아들 임해군은 함경도로, 여섯째 아들 순화군은 강화도로 보내 군사를 모으게 했어요.

조선을 의심한 명나라

명나라는 조선이 너무 쉽게 일본에 지자 의심스러웠어요. 조선과 일본이 손잡고 명나라를 공격할지 모른다고 생각했어요. 선조는 급한 마음에 명나라로 사신을 보냈어요.

"조선과 일본이 손을 잡다니요. 터무니없는 소문입니다. 부디 군사를 보내 일본을 물리칠 수 있게 도와주십시오!"

하지만 명나라는 쉽게 의심을 풀지 않았어요. 1592년 6월, 평양성을 일본에 빼앗기자, 그제야 군사를 보내 주기로 결정했어요.

전라좌수사가 되어 계속 승리하다

일본군이 한성을 차지했어요

왕은 백성을 버리고 떠났지만 백성은 자신들이 살던 한성으로 돌아왔어요. 시장이 다시 열리고 물건을 사고팔았지요. 일본군은 성문을 지키며 통행증을 발급해서, 통행증이 있는 사람만 통과시켜 주었어요. 조선 백성은 일본군의 명령을 어길 수 없었어요. 그러자 일본군에게 빌붙어 조선 백성을 괴롭히는 무리까지 등장했어요.

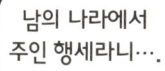
일본은 물러나라!

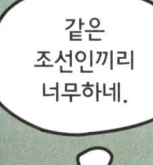
통행증 없으면 못 들어와.

같은 조선인끼리 너무하네.

한성은 일본이 차지했으니 조선 백성은 일본이 하라는 대로 해.

남의 나라에서 주인 행세라니….

이겼다, 또 이겼다!

첫 승리의 기쁨, 옥포 해전

1592년 4월 27일 일본군이 500척의 배를 이끌고 쳐들어와 경상도를 공격했어요. 경상우수사 원균이 이순신에게 급히 도움을 청했지요. 이순신은 전라도 수군 장수들과 의논한 다음, 5월 4일 46척의 배를 이끌고 옥포(지금의 거제도 옥포동)로 향했어요. 이미 경상도 일부를 빼앗겼지만 옥포만은 꼭 지켜야 했어요.

전라좌수사가 되어 계속 승리하다

가벼이 움직이지 말고 태산처럼 고요히 싸워라!

옥포는 경상도에서 전라도로 넘어가는 길목에 있었기 때문에 옥포가 무너지면 전라도도 위험해질 수 있었지요.
바다에서 첫 전투가 시작되자 조선군은 긴장감에 사로잡혔어요.
"가벼이 움직이지 말고 태산처럼 고요하라!"
조선군은 이순신의 명령에 따라 침착하게 일본군과 싸워 5월 7일 승리를 거두었어요.

원균과 이순신의 사이가 나빠졌어요

이순신과 원균은 힘을 합쳐 옥포 해전에서 승리했어요. 경상도 지리를 잘 아는 원균과 부하들은 남은 6척의 배로 싸우면서 도움을 주었지요. 조선 조정은 경상도와 전라도가 힘을 합쳐 이룬 승리라며 칭찬을 아끼지 않았어요. 이순신은 전투에서 공을 세운 부하들의 이름을 하나하나 꼼꼼하게 기록해 결과 보고를 했어요.

전라좌수사가 되어 계속 승리하다

원균은 이순신이 올린 보고에서 이순신 부하들의 잘한 일만 꼼꼼하게 기록하고, 자신의 부하들에 대한 기록이 짧다며 불만을 터뜨렸어요. 원균은 이순신보다 한발 늦게 결과 보고를 하면서 이순신을 흉보았어요. 옥포 해전의 결과 보고 문제를 시작으로 두 사람 사이가 나빠지기 시작했어요. 게다가 옥포 해전의 승리로 이순신만 진급하자 원균의 불만은 더욱 커졌어요.

도망간 군사를 처형했어요

옥포 해전이 있기 하루 전날, 군사 한 명이 겁이 나서 도망치다가 붙잡혔어요. 그 군사는 집에 계신 어머니가 걱정되어 갔을 뿐이라며 용서를 빌었지만 이순신은 단호했어요.

"도망자를 처형하라. 자기 한 몸 돌보기 위해 나라를 버리는 자는 용서할 수 없다."

처형 명령에 장수들은 깜짝 놀랐어요. 평소에 이순신은 군사들의 먹을 것이나 입을 것이 부족하지 않은지 보살피는 아버지 같은 사람이었기 때문이에요.

합포와 적진포에서 연달아 승리했어요

1592년 5월 7일 이순신은 합포에 적이 나타났다는 정보를 받고 출동했어요. 이순신의 배를 본 일본군은 배를 버리고 육지로 도망쳤지요. 다음 날도 이순신은 일본군이 있다는 정보를 받고 적진포로 갔어요. 13척의 일본군 배를 발견하자마자 화포와 불화살을 쏘았어요. 일본군은 자신들의 특기인 몸싸움을 벌일 기회도 없이 물로 뛰어들거나 육지로 도망가기 바빴어요. 이순신은 일본군에게서 빼앗은 물건들을 노 젓는 군사들과 활 쏘는 군사들에게 나누어 주었어요.

기습 공격으로 일본군을 떨게 했어요

이순신의 배는 주로 새벽이나 한밤중에 달빛을 등불 삼아 움직였어요. 여러 곳에서 모은 정보로 적의 위치를 알아낸 다음, 갑자기 나타나 공격하고 재빨리 후퇴하는 작전을 썼지요. 그래서 일본군은 조선군이 언제 어디서 나타날지 몰라 두려움에 떨었답니다.

이순신의 경쟁자, 원균

원균에 대한 평가는 엇갈리고 있어요. '욕심 많은 사람'이라고도 하고, 위기에 처한 '나라를 위해 싸운 장수'라고도 해요. 원균은 여진족을 무찔러 그 공을 인정받았어요. 그것을 계기로 부령부사를 거쳐 경상우수사 자리까지 올랐어요. 훗날 이순신이 삼도수군통제사 자리에서 쫓겨났을 때 그 자리를 이어받지만 칠천량 해전에서 일본군에 크게 지고 죽임을 당하지요. 원균은 이순신과 함께 조선 수군의 연이은 승리에 도움을 준 인물이기도 하지만 끊임없이 이순신을 질투하고 괴롭힌 인물이기도 하지요.

거북선으로 돌격하라!

사천 해전, 거북선이 처음 등장했어요

1592년 5월, 이순신은 사천 바닷가에 머물고 있는 일본군을 무찌르기 위해 작전을 세웠어요. 일본군이 있는 곳은 물이 얕아서 커다란 판옥선을 타고 공격할 수 없었어요. 그래서 넓고 깊은 바다로 유인하기로 했지요. 작전대로 일본군이 조선군을 쫓아 깊은 바다로 나오자, 이순신이 공격을 명령했어요. 그때 처음으로 거북선이 모습을 드러냈지요. 거북선은 용머리에서 불을 뿜고 사방에서 화포를 쏴 일본군을 두려움에 떨게 만들었어요.

어깨에 총을 맞고도 끝까지 싸웠어요

"장군! 상처가 너무 깊습니다!"

"내 상처는 괜찮으니 소란 떨지 말거라."

이순신은 일본군에게 총을 맞아 어깨를 다쳤어요.

하지만 자신의 상처는 돌보지 않고 다친 군사들 걱정만 했어요.

"자네 상처는 괜찮은가? 조금만 힘을 내게!"

이순신은 끝까지 싸워 1592년 5월 29일 사천 해전을 승리로 이끌었지만 이때 입은 상처로 오랫동안 고생했어요.

당포 해전에서 승리했어요

1592년 6월 2일, 이순신은 당포에 일본군이 있다는 정보를 듣고 출동 명령을 내렸어요.

"전라도와 경상도를 연결하는 곳인 당포를 일본군에게 빼앗기면 안 된다. 당장 출동하라!"

전라좌수사가 되어 계속 승리하다

이순신은 사천 해전 때 다친 상처가 심해 옷 입기는 물론, 활쏘기도 어려웠어요.

하지만 거북선을 앞세워 일본군 대장이 있는 배를 향해 돌진했어요. 여러 판옥선도 함께 공격을 퍼부었지요.

그때 권준이라는 이순신의 부하 장수가 일본군 대장을 활로 쏘아 쓰러뜨려 당포 해전을 승리로 이끌었어요. 권준은 이순신보다 네 살 많은 부하로 활 쏘는 실력이 뛰어나고, 전투 작전을 세우는 데도 많은 도움을 주었어요.

당항포 해전, 적의 머리를 탐내는 원균

1592년 6월 5일, 이순신은 당항포에 일본군이 있다는 정보를 듣고 출동했어요. 당항포는 좁은 지형 같아 보이지만 안쪽으로 가면 넓고 막힌 곳이 나와 적을 몰아넣고 싸우기 좋았어요. 그래서 일본군을 당항포 안쪽으로 유인해 승리를 거두었어요. 심지어 다음 날, 당항포 입구에 숨어 있다가 도망가는 일본군의 배 한 척까지도 공격했지요. 그때 뒤따라온 원균이 일본군의 머리를 탐냈어요. 이때는 적의 머리를 베어 누가 공을 세웠는지 가렸거든요. 하지만 이순신은 적의 머리를 베어 오지 않아도 열심히 싸운 군사들을 관찰하고 기록해 상을 주었어요.

전라좌수사가 되어 계속 승리하다

당항포 해전에 얽힌 기생 월이 이야기

당항포에는 '당항포에 들어온 일본 첩자를 속인 기생 월이 이야기'가 전해지고 있어요. 어느 날, 일본 첩자 하나가 기생집에 숨어 당항포 지도를 몰래 그렸어요. 그 지도는 일본군 대장에게 전해 줄 지도였지요. 기생이었던 월이는 그 사실을 알고 첩자에게 술을 먹여 잠들게 했어요. 그다음, 지도를 바꾸어 그렸어요. 원래는 한쪽이 막혀 있는 바다였는데, 터진 바다로 그린 거예요. 이 지도를 그대로 믿은 일본군이 당항포 해전에서 이순신에게 크게 지고 말았다는 이야기가 전해지고 있답니다.

★**첩자** 나라의 비밀이나 상황을 몰래 다른 나라에 전달하는 사람이에요.
★**기생** 잔치 등에서 노래와 춤으로 흥을 돋우는 것이 직업인 여자예요.

율포 해전에서 일본 장수를 무찔렀어요

1592년 6월 7일 새벽, 이순신은 율포에서 부산으로 향하던 일본군 배 일곱 척을 발견해 공격했어요. 일본군은 서둘러 도망갔지만 이순신은 끝까지 쫓아가 배를 부수고 불태웠지요. 이때 일본의 유명한 해적 출신 장수인 구루시마 미치유키가 목숨을 잃었어요.

전라좌수사가 되어 계속 승리하다

구루시마 미치유키는 도요토미 히데요시가 일본을 통일하는 데 큰 역할을 한 장수였지요. 그런데 구루시마 미치유키의 죽음에 대해서는 또 다른 의견이 있어요. 당포 해전에서 권준의 화살에 맞아 쓰러진 일본 장수가 구루시마 미치유키일지도 모른다는 것이지요. 구루시마 미치유키가 죽자, 동생 구루시마 미치후사가 형의 복수를 위해 1597년에 조선으로 쳐들어왔어요. 하지만 그도 이순신에게 져서 목숨을 잃었어요.

학익진을 펼쳐라

가장 좋아하는 사람도, 가장 미워하는 사람도 이순신

이순신이 이끄는 조선군이 계속 승리하자, 조선에 들어와 있던 일본군의 식량과 무기가 부족해졌어요. 바다에서 육지로 식량과 무기를 계속 전달해야 하는데 이순신에 의해 매번 막혔거든요. 도요토미 히데요시는 일본 수군 장수들에게 불같이 화를 냈어요.

"전라도를 뚫고 서해 바다를 통해 조선으로 들어가면 될 것 아니냐!"

당장 서해를 뚫고 조선으로 가라!

전라좌수사가 되어 계속 승리하다

그때 일본 수군 장수 중 하나인 와키자카 야스하루가 다른 장수들과 의논도 하지 않고 혼자 조선을 공격하기로 결심했어요.
조선 수군을 얕잡아 보았기 때문이에요. 하지만 그는 이순신과의 전투에서 한 번도 이기지 못했어요. 와키자카 야스하루는 이순신의 뛰어난 전투 지휘 능력이 부러웠어요. 그래서 "가장 미워하는 사람도 이순신, 가장 좋아하는 사람도 이순신, 가장 죽이고 싶은 사람도 이순신, 가장 차를 함께 마시고 싶은 사람도 이순신."이라는 말을 남겼어요.

한산도 대첩과 학익진

일본군이 한산도의 견내량이라는 곳에 나타났어요. 그곳은 암초가 많고 좁아 싸우기 불편했지요. 특히 판옥선처럼 큰 배는 서로 부딪힐 위험까지 있었어요.

1592년 7월 8일 새벽, 조선 수군이 공격하는 척 견내량으로 가다가 도망치듯 빠져나왔어요. 그 모습을 본 와키자카 야스하루가 코웃음을 쳤어요.

"이순신도 별수 없는 겁쟁이구나! 어서 속도를 내서 쫓아라!"

일본군이 조선 수군을 쫓아 넓은 한산도 앞바다로 나왔을 때였어요.

전라좌수사가 되어 계속 승리하다

조선 수군의 배가 일본군 배를 빙 둘러쌌어요.

"앗, 속았다! 뱃머리를 돌려라! 후퇴하라!"

일본군이 허겁지겁 도망치려고 했지만, 조선 수군은 학이 날개를 폈다 접듯 적을 에워싸고 화포와 불화살을 쏘았어요. 조선 수군은 이러한 '학익진'이라는 전술로 한산도에서 값진 승리를 거두었어요.

★**암초** 물속에 잠겨 보이지 않는 바위예요.
★**학익진** 적이 공격해 오면 가운데에 있는 부대는 뒤로 물러나고, 좌우에 있는 부대는 앞으로 달려 나가 반원 형태로 적을 에워싸고 공격하는 전술이에요.

높은 벼슬에 오른 이순신

이순신이 한산도 대첩에서 승리하자 일본군은 조선의 바다를 마음대로 드나들지 못하게 되었어요. 선조는 그 공을 인정해 높은 벼슬을 내렸어요. 이순신에게는 정2품 정헌대부, 이억기와 원균은 종2품 가의대부 벼슬을 내렸지요. 그러자 원균은 기분이 나빴어요. 종2품보다 정2품이 높은 벼슬이거든요. 한산도 대첩 이후로 원균과 이순신 사이는 더욱 나빠졌어요.

전라좌수사가 되어 계속 승리하다

전라우수사 이억기는 이순신, 원균과 함께 조선 수군을 이끈 장수예요. 이억기는 조선 수군 전체를 이끄는 건 당연히 이순신이 해야 한다고 생각했어요. 이억기는 당항포 해전을 시작으로 조선 수군이 승리하는 데 큰 공을 세웠어요. 이순신이 감옥에 갇혔을 때도 이순신이 죄가 없음을 용감하게 알렸지요. 하지만 이억기는 훗날 칠천량 해전에서 일본군에게 지고 바다에 뛰어들어 스스로 목숨을 끊었어요.

임진왜란 3대 대첩

임진왜란 중 가장 큰 성과를 올린 세 번의 전투를 '임진왜란 3대 대첩'이라고 불러요. 한산도 대첩, 진주 대첩, 행주 대첩을 말하지요.

• **1592년 7월 – 이순신 장군의 한산도 대첩**
이순신은 한산도 앞바다에서 학익진이라는 전술을 펼쳐 일본군을 크게 무찔렀어요. 한산도 대첩으로 일본군이 서해를 통해 조선으로 들어가려는 계획을 막을 수 있었어요.

• **1592년 10월 – 김시민 장군의 진주 대첩**
김시민은 진주성에서 4천 명도 안 되는 군사로 일본군 2만 명과 싸웠어요. 김시민은 백성을 군사로 변장시켜 성 위에 세워 놓고 군사가 많은 것처럼 속였어요. 적이 공격해 오면 가만히 있다가 공격이 약해진 틈에 반격을 퍼부었지요. 임진왜란이 터진 뒤, 육지에서 처음으로 이뤄 낸 승리였기 때문에 좌절감에 빠져 있던 백성에게 큰 힘을 주었어요.

- **1593년 2월 – 권율 장군의 행주 대첩**

조선과 명나라 연합군이 한성을 되찾기 위해 일본군을 공격하자, 일본군이 한성으로 가는 길목인 행주산성을 공격하기로 했어요. 권율은 어떻게든 행주산성을 지켜내야 했지요. 조선은 군사가 많이 부족했어요. 그래서 신기전이라는 무기로 공격을 퍼붓고, 여자들도 돌을 날라 전투를 도왔어요. 그 덕분에 일본군으로부터 행주산성을 지키고, 한성도 되찾았어요. 행주 대첩에서 진 일본은 먹을 것이 부족하다는 이유로 한성을 버리고 남쪽으로 도망갔어요.

인물 놀이터

이순신은 거북선을 만들어 일본과의 전투에서 크게 승리했어요. 그림 속 거북선을 멋지게 색칠해 나만의 거북선으로 만들어 보세요.

일본군에 크게 승리한 이순신은 삼도수군통제사라는 높은 벼슬에 올랐어요.

이순신은 조선 수군을 모두 아우르며 군사와 백성을 돌보는 데 힘썼지요.

한편 일본과 명나라는 조선을 쏙 빼고 강화 협상을 했어요.

점차 조선은 두 나라 사이의 힘겨루기에 지쳐 갔지요.

전쟁 속에서 이순신과 조선 백성이 어떻게 어려움을 이겨 냈는지 알아볼까요?

수군을 하나로 모아 싸우다

치열했던 부산포 해전

부산포에서 일본군과 싸웠어요

이순신은 계속해서 일본군을 궁지에 몰아넣었어요. 1592년 7월 10일, 경남 진해에 있는 안골포에 머무르던 일본군을 공격해 무찌르기도 했어요. 그러던 1592년 9월 1일, 100척도 안 되는 조선 수군 배가 부산 앞바다에서 일본군 배 500여 척을 발견했어요.

조선 수군을 발견한 일본군이 일제히 총과 화살을 쏘았어요. 조선 수군은 물러나지 않고 거북선을 앞세워 공격을 퍼부었지요. 점점 일본군이 밀리자 그들은 배를 버리고 육지로 가서 공격을 계속했어요. 부산포 해전에서 이순신은 일본군 배를 130척이나 부수고 불태웠어요. 하지만 육지로 도망간 일본군은 끝까지 쫓지 못했어요. 이순신은 조선의 육군과 수군이 힘을 합쳐 공격을 계속하고 싶었지만 육지에서 제대로 싸워 줄 군사가 없어 포기할 수밖에 없었지요. 그래서 승리하였지만 아쉬움도 큰 해전이랍니다.

조총에 맞아 목숨을 잃은 돌격 대장, 정운

부산포 해전은 매우 치열했어요. 부산포를 떠나지 않으려는 일본군의 저항이 만만치 않았거든요. 이순신은 이 해전에서 아끼던 부하인 정운을 잃었어요. 정운은 이순신과 함께 수많은 전투에 참가했으며 그때마다 제 몸을 아끼지 않던 돌격 대장이었어요. 정운은 부산포 해전에서 일본군의 조총에 맞아 목숨을 잃었어요. 조총은 참나무 방패 세 개와 쌀 두 가마를 뚫고 정운을 맞혔어요. 훗날 이순신은 슬픔에 젖어 정운의 영혼을 위로하는 시를 지었어요.

(중략)

아, 슬프도다. 아, 슬프도다.
그 재주 다 못 폈을 때 지위는 낮았으나 덕은 높았으니,
나라의 불행이고 군사들과 백성의 복 없음이로다.
그대 같은 충신은 드물거늘,
나라 위해 던진 그 몸은 죽어도 살았도다!
아, 슬프도다. 이 세상에 누가 내 속 알아주리.
슬픔 머금고 정성 담아 한잔 술 바치오니
아, 슬프도다.

백성과 군사를 가족처럼 돌보았어요

일본군은 조선 백성을 죽이고 식량과 재물을 빼앗았어요. 두려움에 쌓인 백성은 일본군을 피해 이순신이 있는 전라도로 모여들었어요. 이순신은 이들에게 쌀과 옷감을 나누어 주고, 잠시 머물 수 있는 집도 마련해 주었어요. 이순신은 말을 먹이고 기르는 목장이었던 '돌산도'라는 섬에 백성이 농사짓고 살 수 있도록 했어요. 돌산도는 사방이 산으로 둘러싸여 안전하고 기름진 곳이라 백성이 농사짓기에 알맞았어요.

수군을 하나로 모아 싸우다

이순신은 백성뿐 아니라 군사도 살뜰히 챙겼어요.
"적의 머리를 많이 베어 오는 것보다 적을 한 명이라도 더 죽여 이기는 것이 중요하다!"
전쟁 중에는 누가 더 많이 적의 머리를 가져오느냐가 중요했어요. 하지만 이순신은 군사들이 얼마나 열심히 싸우는지 직접 보고 판단해 기록했어요. 공을 세운 사람은 물론 전투 중 죽거나 부상당한 사람의 이름까지 일일이 기록했어요. 전투 중에 죽은 군사들은 고향에 묻어 주고, 남은 가족이 먹고살 수 있도록 보살펴 주었어요.

끝까지 조선 백성을 구했어요

이순신은 일본군 배를 불태우기 전에 배 안에 조선 백성이 있는지 살피라고 명령했어요. 일본군에 잡힌 조선 백성을 찾아내 살리는 일이 적의 목을 베는 것만큼 큰 공을 세우는 것이라고 말했어요.

그 결과 옥포 해전에서 소녀 두 명을 구했고, 2차 당포, 당항포 해전에서는 여섯 명의 남녀를 구했어요.

수군을 하나로 모아 싸우다

백성을 불안하게 한 자를 벌줬어요

어느 날, 백성 중 하나가 일본군이 쳐들어왔다고 거짓말을 하고 소를 훔쳐 달아났어요. 배고픔을 이기지 못하고 소를 잡아먹으려고 벌인 일이었지요.
"혼자만 먹고살겠다고 백성을 불안하게 하는 자는 용서할 수 없다!"
이순신은 그 사람을 즉시 잡아 처형시켜 다시는 그런 일이 없도록 했어요. 일본군이 쳐들어온 게 아니라는 걸 알게 된 백성은 그제야 안심했답니다.

조선에 온 명나라

조선을 버리려 한 선조

선조는 일본군을 피해 평양을 거쳐 의주까지 피란을 갔어요. 의주는 압록강을 사이에 두고 명나라와 맞닿은 곳이었어요. 선조는 조선을 버리고 명나라로 도망칠 생각까지 한 거예요. 그러자 유성룡이 단호하게 말했어요.

잠시만 다녀오면 안 될까?

임금이 자신의 나라를 버려서는 아니되옵니다.

수군을 하나로 모아 싸우다

"전하께서 조선 밖으로 한 발짝이라도 나가면 조선은 더 이상 우리 땅이 아니옵니다."
그때 명나라 사신이 왔어요. 사신은 선조가 명나라로 몸을 피하는 것을 허락하며 조선으로 명나라 군대를 보내 주겠다는 명나라 황제의 말을 전했어요. 선조는 그제야 안심이 되어 의주에 머물며 신하들 눈치를 살폈답니다.

★**사신** 왕의 명령을 받고 외국에 가는 신하를 말해요.

치열했던 평양성 전투

명나라가 조선으로 군대를 보냈어요. 1592년 6월, 명나라 장수 조승훈이 일본군에게서 평양성을 빼앗기 위해 군사 3천 명을 이끌고 내려왔어요. 하지만 일본군을 만만히 본 조승훈은 평양성을 지키고 있던 일본 장수 고니시 유키나가에게 지고 말았어요. 조선의 지리도 잘 몰랐고, 아무런 작전도 세우지 않은 탓이었지요.
평양성 전투에서 진 명나라는 큰 충격에 빠졌어요.

수군을 하나로 모아 싸우다

자칫 일본군이 명나라까지 쳐들어올지도 모른다는 불안감에 휩싸였지요. 그래서 1592년 12월 말에 명나라 장수 이여송이 4만 명이 넘는 대규모 군대를 이끌고 왔어요. 이여송은 조선군과 힘을 합쳐 1593년 1월 평양성을 빼앗고, 개성까지 빼앗았어요. 성미가 급한 이여송은 이대로 한성까지 빼앗고 싶었어요. 하지만 지금의 경기도 고양시 부근에 있는 '벽제관 전투'에서 일본군에 지고 말았어요.

도망가는 일본, 주춤거리는 명나라

평양성을 빼앗긴 고니시 유키나가는 갑옷과 투구도 벗어 버린 채 남쪽으로 도망갔어요. 게다가 일본군은 조선에서 처음 맞는 겨울이 견딜 수 없게 고통스러웠어요. 따뜻한 곳에 살던 일본군은 추위와 배고픔에 떨었지요. 선조는 이참에 일본군을 계속 공격해서 완전히 몰아내고 싶었어요. 하지만 조선군은 싸울 힘이 없었어요. 심지어 명나라는 제 나라로 돌아갈 궁리만 했어요. 남의 나라에서 힘들게 전쟁하고 싶지 않았기 때문이에요.

수군을 하나로 모아 싸우다

일본군에 사로잡힌 조선의 두 왕자

가토 기요마사라는 일본 장수가 선조의 큰 아들인 임해군과 여섯 번째 아들인 순화군을 잡았어요. 두 왕자는 밥을 먹을 때마다 고기반찬을 달라며 백성을 괴롭혔어요. 게다가 전쟁으로 먹고살기 힘든 상황에서 백성의 식량과 재산까지 빼앗았지요. 화가 난 백성은 가토 기요마사에게 두 왕자를 넘기고 말았어요. 두 왕자는 여러 차례 협상으로 겨우 풀려났지만 포악한 성격을 버리지 못했어요. 결국, 전쟁이 끝나고 궁궐에서 쫓겨나 외롭게 죽고 말았지요.

가토 기요마사와 고니시 유키나가

일본 장수인 가토 기요마사와 고니시 유키나가는 이순신과 원균처럼 사이가 좋지 않았어요. 가토 기요마사가 두 왕자를 잡고 우쭐거리자 고니시 유키나가는 샘이 났어요. 게다가 가토 기요마사는 명나라와 강화 협상을 주장하는 고니시 유키나가를 무시하는 강화 협상 반대파였어요.

★강화 협상 싸움을 그치고 평화로운 상태로 만들기 위한 협상이에요.

수군을 하나로 모아 싸우다

원래 고니시 유키나가는 오사카 상인 출신으로 전쟁보다 조선이나 명나라와 무역을 통해 이익을 보고 싶어 했지요. 가토 기요마사는 도요토미 히데요시의 충실한 부하로 타고난 전투 지휘관이었어요. 즉, 둘은 걷고자 하는 길 자체가 달랐던 거예요. 고니시 유키나가는 도요토미 히데요시로부터 명나라와의 협상 명령을 받고 어떻게든 강화를 성공시키고 싶었지요. 하지만 협상은 실패로 끝나고 말았어요.

조선을 뺀 강화 협상

삼도수군통제사가 되었어요

1593년 8월 15일, 이순신이 수군 본부를 여수에서 한산도로 옮긴 지 한 달이 지났을 때였어요. 선조는 '삼도수군통제사'라는 새 벼슬을 만들어 이순신에게 내렸어요. 이순신이 충청도, 전라도, 경상도 세 수군을 모두 다스리는 대장이 된 거예요. 삼도수군통제사가 된 이순신은 군사 모으기, 판옥선 만들기, 군대 식량 마련하기, 무기 만들기, 군사 훈련 시키기 등 나라를 지키기 위해 최선을 다했어요.

하지만 원균과의 사이는 좋아지지 못했어요. 회복은커녕 둘 사이는 벌어질 대로 벌어지고 말았지요. 원균이 이순신의 지휘를 받게 되자 불만이 하늘만큼 높아졌기 때문이에요. 그러자 선조는 원균을 육군 충청병사로 보내 둘을 갈라놓았어요. 하지만 둘의 악연은 끝나지 않았어요.

조선을 뺀 강화 협상을 했어요

명나라와 일본의 강화 협상은 세 차례에 걸쳐 진행되었어요. 명나라는 도요토미 히데요시의 항복 문서를 요구했고, 일본은 도요토미 히데요시를 일본의 왕으로 인정하고, 조선의 강원도·충청도·전라도·경상도 등을 달라고 요구했어요. 조선의 운명이 걸려 있는 협상이었지만 조선은 철저하게 빼고 진행됐지요.

수군을 하나로 모아 싸우다

도요토미 히데요시로부터 협상 명령을 받은 고니시 유키나가는 어떻게든 강화 협상을 성공시키고 싶었어요. 그래서 명나라 대표 심유경과 짜고 가짜 문서를 만들어 두 나라에 보냈어요. 명나라에는 도요토미 히데요시의 항복 문서를 보내고, 일본에는 도요토미 히데요시를 왕으로 세운다는 문서를 보냈지요. 그렇게 해서 1593년부터 1597년, 일본이 다시 조선을 침략할 때까지 아슬아슬한 평화가 유지되었어요.

적을 공격하지 말라니요?

1594년 3월, 이순신이 2차 당항포 해전에서 승리하고, 거제도 앞바다에 있을 때였어요. 명나라 장수인 담종인이 이순신에게 편지를 보냈어요.

'일본 장수들이 마음을 바꿔 모두 제 나라로 돌아가려 하니 공격하지 말고 수군을 해체하시오. 또 지금은 강화 협상 기간이니 거제도 앞바다를 떠나 고향으로 돌아가시오.'

수군을 하나로 모아 싸우다

화가 난 이순신은 죽을 각오로 담종인에게 답장을 보냈어요.
'왜놈*들이 조선에 쳐들어와 집을 불태우고 백성을 죽이는데,
어찌 공격하지 말라고 하십니까? 그리고 우리더러 고향으로 돌아가라니요?
제 고향이 이곳인데 어디로 가라는 것인지 알 길이 없습니다. 그리고
왜놈들이 강화한다는 것은 모두 거짓입니다.'

★**왜놈** 일본 사람, 특히 일본 남자를 낮잡아 부르는 말이에요.

백성이 힘을 합쳐 싸웠어요

벌떼처럼 일어난 의병

조선은 평화롭게 지내다 갑자기 일본군이 쳐들어오자 아무런 힘도 쓰지 못했어요. 일본군은 조선 백성을 죽이고 식량을 마구 빼앗았지요. 견디다 못한 백성이 자신의 고향을 지키기 위해 군사가 되어 싸우겠다고 나섰어요. 이렇게 스스로 군사가 된 사람을 '의병'이라고 해요. 의병은 자신이 살고 있는 고향 지리를 잘 알고 있었기 때문에 다양한 작전으로 일본군을 공격했어요. 그래서 일본군은 언제 어디에서 공격할지 모르는 의병을 무서워했어요.

의병장, 홍의 장군 곽재우

의병을 일으킨 사람 중에는 경남 의령에 살던 곽재우가 있어요. 곽재우는 자신의 재산을 털어 군사를 모으고 식량을 마련했지요. 곽재우는 임진왜란이 터진 지 열흘도 안 된 1592년 4월 22일에 의병을 일으켰어요. 빨간 옷을 입고 동에 번쩍 서에 번쩍 나타나 적을 공격해 '홍의 장군'이라 불렸어요. 홍의 장군 곽재우는 일본군을 공포에 떨게 했답니다.

의병들의 활동

• **의병이 무엇인가요?**
적들로부터 자신의 고향과 나라를 지키기 위해 스스로 군사가 되어 싸우겠다고 나선 사람들을 말해요. 의병장은 전직 관리나 유학자, 승려가 맡았어요. 의병의 대부분은 농민이었어요. 하지만 양반이나 천민에 이르기까지 누구나 의병이 될 수 있었지요. 이렇듯 의병 활동에는 신분의 차이를 두지 않았답니다.

• **대표적인 의병장은 누구일까요?**
의병장 – 곽재우, 조헌, 김천일, 고경명, 정문부, 정인홍, 김덕령
승병장 – 영규대사, 서산대사, 사명대사(승병은 승려들로 이루어진 의병을 말해요.)

• **의병은 나라에서 인정받았을까요?**

아니에요. 의병은 나라로부터 인정받지 못했어요. 선조는 전쟁이 끝나고 나라를 지키는 데 공을 세운 사람들을 공신으로 뽑아 집안 대대로 먹고살 수 있는 땅과 벼슬을 주었어요. 그런데 공신 중에 의병은 한 명도 없었어요.

권율의 행주 대첩

1593년 2월 12일 명나라에 평양성을 빼앗기고 남쪽으로 도망가던 고니시 유키나가가 일본군 3만 명을 이끌고 한성으로 들어가는 관문인 행주산성을 쳐들어갔어요. 행주산성에는 권율 장군이 이끄는 군사 3천 명밖에 없었어요.
"신기전을 준비하라! 남자들은 돌을 준비하고, 여자들은 물을 끓여라!"
신기전은 신기전기에서 한 번에 백여 발이나 날아가는 특별한 화살이에요. 화살에 화약을 장치하거나 불을 달아 쏘았거든요.
행주산성에 있던 300대의 신기전기에서 화살이 일제히 날아갔어요.

수군을 하나로 모아 싸우다

우박처럼 쏟아지는 화살을 맞고 일본군이 쓰러졌어요. 살아남은 일본군이 행주산성 벽을 타고 기어올랐지만 백성이 돌을 던지고 뜨거운 물을 부어 물리쳤어요. 행주산성에서 도망친 일본군은 한성을 포기하고 남쪽으로 물러났어요.

김시민과 곽재우가 힘을 합쳐 싸웠어요

1592년 10월 5일부터 10일까지 진주성에서 일본군과 전투가 벌어졌어요. 이때 일본군은 2만 명이나 되었지만 조선군은 4천 명뿐이었지요. 하지만 진주성 안에서는 장수 김시민이, 성 밖에서는 의병장 곽재우가 서로 힘을 합쳐 싸운 덕분에 2만 명이 넘는 일본군을 물리쳤어요. 이렇게 1차 진주성 전투는 일본군에 크게 승리해 '진주 대첩'이라 부른답니다. 하지만 김시민은 전투 중 일본군의 총탄에 맞고 끝내 목숨을 잃고 말았어요.

수군을 하나로 모아 싸우다

억울하게 희생된 의병장들

1596년 7월, 왕족 출신이던 이몽학이 전쟁에 지친 백성의 불만을 이용해 권력을 잡으려 했어요. 일본의 침략을 막고 어수선한 나라를 바로잡겠다는 이유로 반란을 일으켰지요. 게다가 의병장들도 자신을 돕고 있다는 말로 백성을 속였어요. 하지만 조정에서 군사를 보내자, 함께 반란을 일으킨 사람들이 겁을 먹고 이몽학을 죽였어요. 심지어 모든 죄를 의병장들에게 뒤집어씌웠어요. 이 사건으로 김덕령, 곽재우 등의 수많은 의병장이 체포되어 고문을 당했어요. 김덕령은 모진 고문을 이기지 못하고 목숨을 잃었어요. 다행히 곽재우는 곧 풀려났답니다.

인내하고 또 인내하고

점점 심각해지는 전염병과 굶주림

전쟁이 길어지자 전염병과 굶주림이 점점 심해졌어요. 전염병과 굶주림으로 죽은 군사가 6백 명이 넘었지요. 모두 건강하고 활도 잘 쏘고 배도 잘 다루는 훌륭한 군사들이었어요. 이 상태로 계속되다가는 남아 있는 군사들 목숨도 위험했지요. 이순신은 나라에 도움을 청했지만 나라에서 도움을 줄 형편이 되지 못했어요.

수군을 하나로 모아 싸우다

군사들은 쌀 한 줌으로 죽을 끓여 두 사람이 나누어 먹었어요. 때로는 일주일 가까이 굶기도 했지요. 날마다 도망치는 군사가 백 명이 넘고, 일본군이 머물렀던 곳에는 해골만 잔뜩 쌓였어요. 배가 고파 힘이 빠진 군사들은 땅에 누워 신음할 수밖에 없었어요. 심지어 사람이 사람을 잡아먹는 끔찍한 일까지 벌어지기도 했어요.

조선 군사들 식량도 모자라거늘

조선은 조선 군사를 먹이기도 부족한 식량을
명나라 군사에게 주어야 했어요. 명나라 장수들은 식량을
제대로 주지 않으면 다시 명나라로 돌아가겠다고 큰소리쳤어요.
조선 군사는 명나라 군사에게 주고 남는
식량으로 배고픔을 달래야 했지요.
이를 보다 못한 이순신은 전라도 순천에
있는 넓은 땅에 직접 농사를 지어
군사들의 식량을 마련했어요.

수군을 하나로 모아 싸우다

물길 대장 어영담이 전염병으로 죽었어요

어영담은 물길을 잘 알고 작전을 잘 짜는 장수로 1594년 3월 4일, 2차 당항포 해전을 승리로 이끌었어요. 어영담은 늘 이순신 곁에서 도움을 주었는데, 전염병으로 그만 앓아눕고 말았어요. 이순신도 전염병에 걸렸지만 20일 만에 나았어요. 하지만 어영담은 끝내 죽고 말았답니다. 이순신의 슬픔은 이루 말할 수 없었어요. 아끼는 부하를 한 명씩 잃을 때마다 이순신의 가슴도 같이 무너져 내렸어요.

견내량에서 일본군을 살폈어요

1594년 9월 3일 새벽, 선조가 이순신에게 비밀 편지를 보냈어요.
'한산도에서 언제까지 가만히 보고만 있을 것인가? 계획을 세워 일본군을 물리쳐야 하지 않은가?'
이순신은 억울했어요. 한 번도 일본군과의 싸움을 피한 적이 없었기 때문이에요. 선조는 조선 수군을 믿지 못했어요. 오로지 명나라만이 조선을 지킬 수 있다고 생각했지요. 그래서 일본군이 조선 수군을 무서워한다는 사실을 믿지 않은 채, 조선의 수군 지휘권을 명나라에 넘겼어요.

수군을 하나로 모아 싸우다

사실 이순신은 한산도와 가까운 견내량이라는 곳에서 일본군의 움직임을 살피고 있었어요. 견내량은 한산도 동쪽 육지 사이에 낀 좁은 바다여서 배를 감추기에 좋아, 일본군이 오는지 몰래 지켜볼 수 있었어요. 일본군이 전라도를 공격하려면 한산도 앞을 지나갈 수밖에 없기 때문에 이순신은 견내량에서 공격할 순간만 노렸답니다.

이순신을 모함하는 조선 조정

1595년 명나라와 일본의 강화 협상으로 전쟁도 평화도 아닌 상태가 계속됐어요. 이순신은 일본군이 조선에 머물고 있는데 싸울 수 없다는 게 답답했지요. 그런데 조선 조정에서는 이순신을 모함하기까지 했어요. 이순신이 조선 수군을 굶주리게 하고, 병들어 죽으면 그냥 물에 밀어 넣어 버린다는 소문을 냈지요. 한산도는 귀신이 사는 동네 같다는 말까지 나돌았어요. 이순신은 조선 조정이 일본처럼 적이 되어 가는 것 같아 마음이 아팠어요.

수군을 하나로 모아 싸우다

군사도 부족하고 식량도 부족하고

한산도에서 열린 무과 시험

왕세자인 광해군이 선조를 대신해 나라의 인재를 뽑는 과거 시험을 관리했어요. 군의 관리가 되는 무과 시험을 치르기 위해서는 지방에서 한성까지 가야 했어요. 하지만 전쟁 중이라 군사가 훈련을 뒤로하고 한성으로 올라가는 것은 위험한 일이었지요. 그래서 이순신은 한산도에서 무과 시험을 치르게 해 달라 부탁했어요. 광해군은 이순신의 부탁을 들어주었지만 선조는 못마땅하게 생각했답니다.

수군은 너무 힘들어!

수군은 육군에 비해 고생스럽고 힘들기로 유명했어요. 규칙이 엄격해 태풍으로 배가 가라앉아도 곤장을 맞았어요. 싸움과 수영을 잘해야 하고, 바닷가 지리는 물론 밀물과 썰물 시간도 잘 알아야 했어요. 거기다 툭하면 성 쌓기, 성 지키기, 농사짓기, 배 수리하기, 고기 잡기, 소금 굽기 등 온갖 궂은일에 끌려다녔어요. 그래서 육군에 지원하거나 도망가는 군사들이 많았어요. 점차 수군의 수가 부족해지자 죄수들을 수군으로 받아들이기도 했어요.

수군을 하나로 모아 싸우다

이순신은 의병도 수군으로 받아들여 전투에 참여하게 했어요. 이들은 스스로 먹을 식량을 마련하고, 열심히 싸워서 승리에 앞장섰어요. 이순신은 이들의 공을 높이 평가해 정식 수군으로 인정해 달라고 나라에 보고했어요. 이순신의 의견이 받아들여져서 의병도 정식 수군이 될 수 있었어요.

청어는 소중한 식량이었어요

"배에서 굶주리고 있는 군사들이 보기 안타깝구나.
배불리 밥을 먹여야 할 텐데……."
이순신은 말린 청어를 곡식으로 바꾸어 추위와
배고픔에 떠는 군사들에게 주기로 했어요.
1월이 되면 청어가 알을 낳기 위해 떼 지어
한반도로 몰려왔어요. 청어는 값싸고 맛있어
가난한 사람들이 즐겨 먹었어요.
이순신과 군사들에게 청어는 어려운 시절을
견디게 해 준 소중한 식량이었어요.

수군을 하나로 모아 싸우다

바다를 건너려면 세금을 내시오

이순신은 조선 바다를 건너는 배에 세금을 내게 했어요. 작은 배는 쌀 한 가마니, 중간 배는 두 가마니, 큰 배는 세 가마니 정도를 세금으로 받았지요. 이는 군사들의 식량을 마련하기 위해서이기도 했지만 신분을 확인해 일본군 첩자를 가려내기 위한 목적도 있었지요.

피란을 떠나는 백성은 재물과 곡식을 싣고 안전한 곳으로 가야만 했기 때문에 기꺼이 쌀을 세금으로 내놓았어요.

최고의 무기를 손에 넣어라!

일본군에 맞선 조선의 무기들

임진왜란 때 일본군에 맞서 수많은 무기가 발명되었어요. '비격진천뢰'는 이장손이라는 사람이 발명했어요. 쇳조각과 화약이 들어 있는 커다란 나무공 심지에 불을 붙여 던지면 나무공이 터지면서 쇳조각이 사방으로 튀었어요. 그래서 수많은 적을 한꺼번에 무찌를 수 있었지요.

'사조구'와 '장병검'은 이순신이 발명했어요. 사조구는 적군의 배를 끌어당길 때 사용하던 쇠로 만든 무기였지요. 장병검은 긴 장대에 낫을 달아 적이 배에 오르지 못하도록 배 밑으로 공격하던 무기였어요.

수군을 하나로 모아 싸우다

조선 수군은 판옥선과 거북선 사방에 화포를 설치해 적의 배를 부쉈어요. 화포는 하늘 천(天), 땅 지(地), 검을 현(玄), 누를 황(黃)을 따서 '천자총통', '지자총통', '현자총통', '황자총통'으로 불렀어요. 이 화포들과 달리 개인이 가지고 다닐 수 있는 '승자총통'도 있었어요.

조총을 따라잡았어요

일본군이 지닌 조총은 조선군에게 공포의 대상이었어요. 이순신은 조총의 원리를 파악하여 조총을 뛰어넘는 무기를 만들기 위해 노력했어요. 1593년 8월, 드디어 부하 정사준이 조총과 맞먹는 무기를 만들었어요.

"전하, 제가 일본군의 조총을 만들어 보려고 했습니다. 그런데 군관 정사준이 그 방법을 익혀 이필종, 언복, 동지, 안성 등과 함께 '정철총통'을 만들었습니다. 총알이 나아가는 힘이 조총보다 좋습니다. 이들에게 상을 내려 칭찬해 주시옵소서!"

수군을 하나로 모아 싸우다

이순신은 정철총통 다섯 자루와 함께 정철총통 만들기에 참여했던 모든 사람의 이름을 기록해서 보고했어요. 그 안에는 대장장이와 노비 이름까지 있었지요.

하지만 정철총통을 만들려면 철이 많이 필요했어요. 전쟁 중인 상황에서 철을 구하기는 힘들었지요. 게다가 다른 무기를 만들 때도 철이 필요했기 때문에 많은 양의 정철총통을 만들지 못했어요.

염초 천 근을 만든 이봉수

오랜 전투로 화약이 떨어지고 말았어요. 특히 염초가 떨어져 화약을 만들 수 없었지요. 염초는 가스와 열을 일으켜 폭발하는 성질을 가지고 있기 때문에 화약을 만들 때 꼭 필요했어요. 이순신은 군관 이봉수에게 염초를 만들라고 했어요. 하지만 그는 화약 전문가가 아니었어요. 그래서 염초의 원료가 되는 흙이 무엇인지도 몰랐지요. 이봉수는 화약 만드는 방법이 적힌 문서를 보며 온갖 흙으로 실험해 보기로 결심했어요.

수군을 하나로 모아 싸우다

이봉수는 수많은 실험을 통해 오래된 집의 아궁이나 마루, 온돌 밑에 있는 흙이 염초의 원료가 된다는 사실을 알게 되었어요. 이순신은 기쁨에 들떠 선조에게 바로 알렸어요.
"군관 이봉수가 염초 천 근을 만들었습니다. 그 공을 칭찬해 주시고, 화약을 만드는 데 필요한 유황 백 근을 보내 주십시오."
이봉수는 염초를 만든 공을 인정받아 훗날, 충청도 병마절도사(종2품)까지 올랐답니다.

그래! 이 흙이 염초의 원료야!

제법인데?

수군을 강하게 만든 이순신의 지도 능력

정탐꾼을 이용한 정보 수집

1596년 4월 명나라 사신 이종성이 일본에 가기 위해 부산으로 갔어요. 하지만 부산의 일본군 진영에 있는 동안 심유경이 명나라에 전달한 일본과의 협상 문서가 가짜였다는 걸 알게 되었어요. 평소 겁이 많던 이종성은 이 사실을 알게 된 자신을 일본군이 인질로 잡아 죽일까 두려워 한밤중에 도망을 쳤어요.

수군을 하나로 모아 싸우다

이 일을 이순신에게 알려 준 건 부산에 심어 놓은 정탐꾼★이었어요. 이순신은 정탐꾼에게 쌀과 소금을 보내 좀 더 많은 정보를 얻어 오라고 격려했어요. 이처럼 이순신은 사방에 정탐꾼을 보내 일본군의 움직임을 살폈어요.

★**정탐꾼** 드러나지 아니한 사실을 몰래 살펴 알아내는 사람이에요.

부하들과 끊임없이 소통했어요

이순신은 활쏘기 시합뿐 아니라 부하들과 승경도놀이를 즐겼어요. 승경도놀이는 누가 먼저 높은 벼슬에 오르는가를 겨루는 놀이예요. 그뿐 아니라, 이순신은 부하들과 같이 밥을 먹거나 술을 마시면서 많은 대화를 나누었어요. 항상 열린 마음으로 부하들을 대했기 때문에 훌륭한 인재들이 이순신 주변으로 모여들었어요.

수군을 하나로 모아 싸우다

전쟁 중에도 책 읽기를 멈추지 않았어요

이순신은 깊은 밤이나 새벽에도 등불을 켜고 책을 읽었어요. 전쟁 중에도, 몸이 아픈 날에도 책 읽기는 계속되었지요. 이순신은 읽은 책에 대해 느낌을 쓰고, 일기 쓰는 것도 빠뜨리지 않았어요. 이는 과거의 잘못을 깨닫고, 지혜롭게 살아갈 수 있는 힘을 얻기 위해서였답니다.

비가 오나, 눈이 오나 방에 불이 꺼지질 않네.

한국사 배움터

조선판 보드 게임 <승경도놀이>

승경도놀이는 조선 시대 양반들이 하던 윷놀이와 비슷한 놀이로 이순신과 부하들이 자주 했어요. 승경도놀이는 벼슬자리를 익히는 놀이인데 놀이판에는 조선 시대 180개의 벼슬 이름과 벌칙이 그려져 있어요. 최하위 벼슬인 종9품부터 최고 벼슬인 정1품까지 그려져 있고, 벼슬에서 쫓겨나는 '파직'이나 죄를 지었을 때 왕이 죄인에게 내리는 독약인 '사약' 같은 벌칙도 있었어요.
'초입문'이라고 쓰여 있는 곳에서 출발해, 가장 먼저 '퇴관(벼슬을 내놓고 물러남)'이라고 쓰여 있는 곳에 도착한 사람이 이기는 놀이지요.

자네, 파직일세!

승경도놀이판

말은 일정한 모양이 없어 아무것이라도 좋지만, 구별하기 쉽게 색을 다르게 했어요. 문과는 붉은 말, 무과는 푸른 말, 남행(과거를 치르지 않고 조상 덕분에 맡은 벼슬)은 노란 말, 군사는 흰 말, 은일(벼슬하지 아니하고 숨어 살던 학자)은 노란 바탕에 붉은 테를 두른 말이었어요.
승경도놀이는 낮은 벼슬에 있을 때보다 높은 벼슬에 있을 때 훨씬 벌칙이 컸어요. 높은 벼슬에 있는 사람이 죄를 지으면 안 된다는 교훈을 주기 위해서였지요.
놀이 시작과 끝에는 서로 예의를 갖추어 공손하게 인사했어요. 이순신은 놀이를 통해 부하들과 따뜻한 정을 나누며 힘겨운 전쟁을 함께 견디었어요.

이번에는 내가 정1품이 되어 보자!

모든 일에 앞장선 이순신

이순신은 언제 어디서나 자신의 몸을 아끼지 않았어요. 모든 전투에서 항상 앞장서서 싸웠지요. 이순신은 전투뿐 아니라 군사들의 식량을 마련하는 데에도 앞장섰어요. 모두와 함께 된장을 만들고, 바다에서 미역을 따고, 밭에 씨앗을 뿌리는 등 땀 흘려 일했답니다.

〈난중일기〉가 유네스코 세계기록유산이 되었어요

〈난중일기〉는 이순신이 전쟁 중에 쓴 일기예요. 그날그날 치렀던 전투 상황, 날씨, 지형, 백성이 어떻게 살아가는지 등 이순신이 보고 느낀 일을 자세하게 기록했어요. 책을 읽고 느낀 점이나 시를 쓰기도 했어요. 이순신은 전투 지휘 실력뿐 아니라 문학 실력도 뛰어났어요. 〈난중일기〉는 바다에서 벌어진 전쟁에 관한 유일한 기록물이에요. 당시 조선, 일본, 명나라 삼국의 관계를 통해 동아시아 역사를 알 수 있게 해 주어 역사적 가치가 높답니다. 그래서 유네스코 세계기록문화유산으로 등재되었어요. 국보 76호로 지정된 〈난중일기〉는 충청남도 아산시 현충사에 보관되어 있답니다.

이순신은 왕의 명령을 어긴 벌로 삼도수군통제사에서 쫓겨났어요.

이순신이 없는 조선 바다는 바람 앞의 등불이었지요.

원균이 나선 칠천량 전투에서 조선은 크게 지고 자신감까지 잃었어요.

남은 배는 단 12척. 하지만 이순신은 결코 포기하지 않았어요.

이순신과 조선 수군이 만들어 낸 명량 대첩의 기적을 함께 지켜보아요.

빼앗긴 바다를 되찾다

두 번째 백의종군

가토 기요마사가 부산을 통해 쳐들어온답니다.

고니시 유키나가의 작전에 말려든 선조

1597년 1월, 명나라와 일본의 강화 협상이 깨졌어요. 명나라의 심유경과 일본의 고니시 유키나가가 만든 가짜 협상 문서가 들통나면서, 서로 바라는 것이 너무 다르다는 걸 알게 됐기 때문이에요. 강화 협상이 깨지자 일본은 다시 조선 침략 계획을 세웠어요. 고니시 유키나가는 첩자에게 가토 기요마사가 부산을 통해 조선을 침략할 거라는 거짓 정보를 흘리게 했어요. 선조는 첩자의 말만 믿고 이순신에게 부산 앞바다로 출동하라는 명령을 내렸어요. 이순신은 첩자가 알려 준 정보를 믿을 수 없었지요.

빼앗긴 바다를 되찾다

"부산 앞바다는 배가 머물 만한 곳이 없어 오히려 일본군의 공격을 받기 쉽습니다. 일본군이 숨어 있다 공격하면 꼼짝없이 당하게 되옵니다!"
이순신은 죽음을 무릅쓰고 선조의 명령을 듣지 않았어요. 자칫 수많은 군사가 목숨을 잃을지도 모르니까요. 이순신의 예상대로 가토 기요마사는 이미 조선에 들어와 있었어요. 하지만 선조는 이순신 때문에 일본군을 공격할 기회를 놓쳤다고만 생각했어요. 이순신은 왕의 명령을 어긴 죄로 감옥에 갇히고 말았어요. 일본은 이순신을 없애는 작전을 성공시키고, 육지와 바다에서 합동 공격 준비까지 마쳤어요.

죄인이 되어 한산도를 떠났어요

선조는 삼도수군통제사로 있던 이순신을 쫓아내고 원균을 그 자리에 앉혔어요.

"이순신은 지혜가 모자라다. 한산도에서 숨어 지내더니, 하늘이 준 기회를 놓쳤구나! 용서할 수 없다. 왕의 명령을 거역한 죄는 죽어 마땅하다!"

이순신은 온갖 노력으로 마련한 식량 9,914석, 화약 4천 근, 총통 3백 자루 등을 원균에게 넘겨주어야만 했어요. 이순신이 한산도를 떠나 한성으로 끌려가는 길목에는 백성의 울음소리로 가득했어요.

빼앗긴 바다를 되찾다

백의종군하여 공을 세우라

수많은 신하가 이순신을 죽이지 말라고 선조에게 호소했어요. 그중 정탁의 호소가 선조의 마음을 바꾸어 놓았어요. 정탁은 유성룡과 마찬가지로 이순신을 응원하는 사람이었어요.
"그간 이순신이 전쟁에서 세운 공을 생각하시어 너그러운 마음으로 용서해 주소서. 이순신에게 다시 한 번 공을 세워 나라에 충성할 기회를 주시옵소서."
선조는 정탁의 말을 듣고 이순신에게 백의종군하여 적을 물리쳐 공을 세우라고 했어요.

그래 볼까?

전하, 이순신에게 한 번만 더 기회를 주시옵소서.

어머니 장례도 못 치렀어요

이순신의 어머니는 아들이 감옥에 갇혔다는 소식에 가슴이 철렁 내려앉았어요.
"우리 아들이 죄를 짓다니, 믿을 수가 없구나! 당장 만나야겠다!"
이순신의 어머니는 여수에서 한성으로 가기 위해 배를 탔어요.
하지만 83세의 어머니는 힘겨운 뱃길을 이기지 못한 채 세상을 떠나고 말았어요.

빼앗긴 바다를 되찾다

이순신은 어머니가 돌아가셨다는 소식을 듣고 마음이 몹시 아팠어요. 하지만 백의종군하여 전쟁에 뛰어들어야 했기 때문에 어머니 장례를 치를 수 없었죠. 이순신은 가족들에게 장례를 맡기고 1597년 4월 19일 남쪽으로 발길을 돌려야 했어요. 이순신은 마음이 천 갈래 만 갈래 찢어지는 것만 같았답니다.

어머니, 이 못난 아들을 용서하세요.

바다를 빼앗긴 조선

엇갈리는 공격 전술

쫓겨난 이순신 대신 삼도수군통제사가 된 원균과, 수군과 육군 전투의 총책임자인 권율의 의견이 엇갈렸어요. 원균은 육군과 수군이 힘을 합쳐 공격해야 한다고 주장했어요. 하지만 권율은 수군이 먼저 부산 앞바다를 막아 일본군이 땅으로 들어오는 것을 막아야 한다고 주장했어요.

"부산 앞바다는 배가 머물 만한 곳이 없고, 일본군이 갑자기 공격하기 쉬운 곳입니다."

원균은 이순신과 같은 주장을 펼쳤어요.

빼앗긴 바다를 되찾다

이순신이 선조에게 부산 앞바다가 위험하다고 이야기했을 때 원균은 이순신이 겁쟁이라고 흉을 보며 수군이 홀로 일본군을 공격해야 한다고 주장했어요. 하지만 막상 자신이 이순신과 같은 입장이 되자 똑같은 의견을 내놓을 수밖에 없었지요. 원균과 권율의 의견을 듣고 고민하던 조선 조정은 권율의 작전에 손을 들어주었어요. 원균은 할 수 없이 위험을 무릅쓰고 수군을 부산 앞바다로 출동시켰어요.

칠천량 해전에서 목숨을 잃은 원균

1597년 7월 15일 원균은 부산 앞바다에 있는 일본군에게 싸움을 걸었어요. 일본군은 조선군을 유인하며 도망쳤어요. 원균은 적을 쫓다 일본군 진영으로 너무 깊숙이 들어왔다는 걸 눈치챘어요. 그래서 급히 후퇴하라는 명령을 내렸어요. 하지만 풍랑이 너무 심해 조선군의 배가 여기저기 흩어지고 말았어요. 원균은 급히 부산과 거제도 사이에 있는 가덕도로 피했어요. 하지만 가덕도에 숨어 있던 일본군의 공격을 당했어요. 원균은 다시 거제도 북쪽에 있는 영등포로 피했어요. 하지만 그곳에도 일본군이 숨어 있었지요. 일본은 육군과 수군이 합동 작전을 펼쳤어요.

빼앗긴 바다를 되찾다

다음 날도 풍랑이 멈추지 않자, 원균은 칠천량으로 피했어요. 칠천량은 거제도와 칠천도 사이에 낀 바다로 풍랑이 심할 때마다 피해 있던 곳이에요. 그런데 조선 수군이 칠천량에 피해 있는 걸 안 일본군이 기습 공격을 했어요. 일본군이 조선 수군을 에워싸고, 배에 뛰어올라 수군들을 죽였어요. 원균은 급하게 육지로 도망갔지만 육지에 숨어 있던 일본군에 의해 목숨을 잃었어요. 전라우수사 이억기도 끝까지 싸우다 일본군에 둘러싸여 스스로 목숨을 끊었어요.

바다를 빼앗긴 조선이 위험에 처했어요

일본에 바다를 빼앗긴 조선은 바람 앞의 등불이었어요. 일본이 단번에 한성까지 공격할 수 있게 되었거든요. 조선 조정은 원균이 부하를 잘 다루지 못해 칠천량 해전에서 졌다고 생각했어요. 이순신의 지휘를 받아 온 부하들과 원균의 의견이 잘 맞지 않았거든요. 원균은 자신의 뜻에 맞지 않는 부하를 거칠게 다루었지요. 전라우수사 이억기가 이순신에게 여러 차례 편지를 보내 조선 수군의 앞날을 걱정했을 정도였어요.

빼앗긴 바다를 되찾다

기적의 승리, 명량 대첩

다시 삼도수군통제사가 되었어요

1597년 8월 3일, 선조는 이순신을 다시 삼도수군통제사로 임명하는 편지를 보냈어요.

'그대의 강직함을 믿지 못하고 백의종군하게 하였으니 짐이 지혜롭지 못한 탓이다. 무슨 할 말이 있으리오. 부디 나라를 위해 힘써 주오!'

선조는 자신의 잘못된 선택으로 나라가 위기에 처했음을 알고 후회했어요. 일본군이 칠천량 해전에서 승리하고 기쁨에 취해 있을 때, 이순신은 수군을 바로 세우기 위해 바쁘게 움직였어요. 농사지을 땅을 마련하고, 무기와 식량을 모으고 장수들을 불러 모았어요.

신에게는 아직 12척의 배가 있습니다

칠천량 해전에서 크게 진 조선 수군에게는 배가 12척밖에 남아 있지 않았어요. 일본군은 조선의 판옥선을 이기기 위해 큰 배를 준비했지요.

"고작 12척의 배로 적과 싸울 수 있겠는가. 수군을 없애고, 육지에서 싸우도록 하라!"

선조의 명령에 이순신이 말했어요.

"지금까지 적이 충청도와 전라도를 넘보지 못한 것은 우리 수군이 바닷길을 막고 있었기 때문입니다. 신에게는 아직 12척의 배가 있습니다. 죽을힘을 다해 싸운다면 이길 수 있습니다."

살고자 하면 죽을 것이요, 죽고자 하면 살 것이다!

빼앗긴 바다를 되찾다

명량 대첩

이순신이 미쳤구나.
고작 12척으로
덤비다니!

이순신은 많은 일본군을 효과적으로 막기 위해 좁은 바닷길인 명량을 선택했어요. 300척이 넘는 일본군 배 중에 좁은 명량을 통과할 수 있는 배는 133척뿐이었어요. 하지만 칠천량 해전에서 크게 진 조선 수군은 많은 일본군 배를 보자 겁을 먹고 움직이지 못했어요. 이때 이순신이 당당히 앞장서 공격했어요.
"살고자 하면 죽을 것이요, 죽고자 하면 살 것이다!"
그제야 다른 장수들도 달려들어 싸우기 시작했어요. 좁은 명량은 어느새 일본군의 부서진 배로 가득했지요. 1597년 9월 16일에 벌어진 명량 대첩은 12척의 배로 133척의 배를 물리친 기적 같은 전투였어요.

아들 면이 목숨을 잃었어요

이순신은 명량 대첩에서 큰 승리를 거두었지만 사랑하는 아들을 잃고 말았어요. 명량 대첩에서 진 일본군이 이순신의 가족이 살고 있는 집을 공격했기 때문이에요. 이순신의 셋째 아들 면은 가족을 지키기 위해 일본군과 싸우다 목숨을 잃고 말았어요.

이순신은 슬픔에 겨운 얼굴로 소금 창고를 찾았어요. 장수로서 차마 부하들 앞에서 울 수 없었던 이순신은 홀로 소금 창고로 들어가 가마니 위에 엎드려 숨죽여 울었어요.

"슬프도다. 내 아들! 나를 버리고 어디로 갔느냐. 내가 지은 죄 때문에 네가 화를 입은 것이더냐. 하룻밤이 일 년처럼 길기만 하구나."

인물 놀이터

이순신은 많은 어려움을 이겨 내면서 일본과 힘든 전쟁을 치렀어요. 다음의 상황에서 이순신이 겪은 일이 아닌 것을 두 개 골라 보세요.

지금 당장 부산 앞바다로 출동하라!

그건 말도 안 됩니다!

어머니, 먼 곳에서 무사히 살아오셨네요.

아들아, 어미가 왔단다.

도요토미 히데요시가 죽자,

일본군은 고국으로 돌아갈 생각을 했어요.

하지만 이순신은 단 한 명도 곱게 보내 주고 싶지 않았지요.

이순신은 마지막까지 적을 쫓아 크게 이기고, 바다 위에서 눈을 감았어요.

충무공 이순신의 마지막 전투와 아직까지 우리 가슴속에 남아 있는

그의 이야기를 들어 볼까요?

죽어서도 영웅이 되다

명나라는 누구 편일까요?

명나라는 조선의 육군은 물론 수군까지 지휘하면서 조선을 괴롭혔어요. 명나라 장수가 자기 군사들의 식량을 제대로 준비하지 않았다며 조선 관리를 벌주기도 했지요. 심지어 매를 맞아 후유증으로 죽은 장수까지 있었어요. 이런 상황에서 이순신은 명나라 장수 진린과 명나라 수군을 환영하는 큰 잔치를 베풀어야 했어요. 일본군의 머리를 베어 진린에게 바치며 조선의 공을 명나라에 돌려야만 했지요.

죽어서도 영웅이 되다

이순신에게는 명나라를 대접하는 것이 일본과 싸우는 것보다 힘들었어요. 명나라는 일본과의 강화 협상 기간에 조선군이 일본군을 공격하지 못하게 했어요. 명나라는 일본군에게 돈을 받고 통행증을 주기도 했는데, 통행증을 가진 일본군은 조선을 자유롭게 다닐 수 있었지요. 명나라가 누구를 위해 조선에 머물고 있는지 헷갈릴 정도였어요.

169

도요토미 히데요시의 죽음과 도망가는 일본군

1598년 8월 도요토미 히데요시가 병으로 죽자, 일본군은 앞다투어 일본으로 돌아가려고 했어요. 하지만 이순신은 곱게 보내 줄 생각이 없었어요. 조선과 명나라 연합군은 도망가는 일본군을 공격하기로 했어요. 가토 기요마사는 쉽게 일본으로 돌아갔지만 고니시 유키나가는 돌아가지 못했어요. 고니시 유키나가는 명나라 장수 진린에게 날마다 술과 음식, 무기 등을 바치면서 남해에 있는 사위를 부를 수 있게 해 달라고 부탁했어요. 이순신은 사위를 부르는 척하며 군대를 부르려는 것이니 속지 말라고 알려 주었어요. 하지만 진린은 이순신의 의견을 무시하고 길을 열어 주었어요.

죽어서도 영웅이 되다

단 한 척의 배도 놓치지 마라.

이순신은 고니시 유키나가를 구할 군사들이 도착할 것을 예감하고 1598년 11월 18일 노량 앞바다로 출동했어요. 처음에 출동을 반대했던 명나라 장수 진린도 어쩔 수 없이 이순신의 뒤를 따랐어요.
"적을 잡아라! 단 한 척의 배도 살려 보낼 수 없다!"
이순신은 도망가는 일본군 뒤를 쫓으며 공격했어요.
고니시 유키나가는 전투가 벌어진 틈을 타서 허겁지겁 일본으로 도망쳤어요.

펑!

이순신의 마지막 전투, 노량 대첩

노량 대첩은 다음 날인 1598년 11월 19일까지 계속되었어요. 도망가려는 일본군의 저항도 만만치 않았어요. 이순신이 탄 배를 겹겹이 에워싸며 악착같이 달려들었어요. 이순신은 일본군의 배에 불화살을 쏘았어요. 죽음도 두려워하지 않은 치열한 전투로 불에 탄 일본군 배만 200척이 넘었어요. 그때였어요. 일본군이 쏜 총탄이 이순신을 향해 날아들었어요.

죽어서도 영웅이 되다

이순신은 중심을 잃고 쓰러졌어요.
"지금은 전투 중이니 내가 죽었다는 말을 하지 말거라……."
이순신이 남긴 마지막 말이었지요. 이순신은 54세의 나이로
노량 대첩을 승리로 이끌고 숨을 거두고 말았어요.
조선과 일본의 전쟁도 끝이 났답니다.

장군! 이렇게 가시면 안 됩니다!

내가 죽었다는 말을 하지 말거라….

충무공이라 불리게 되었어요

이순신의 죽음으로 온 백성이 슬픔에 빠졌어요. 이순신은 백성의 마음속에 단 한 번도 일본에 지지 않은 훌륭한 장수이자, 백성과 군사를 자식처럼 돌본 어버이였어요. 하지만 선조는 이순신과 원균을 같은 선무공신으로 올렸어요. 백성에게 존경받는 이순신이 샘났기 때문이에요. 또 원균을 칭찬하며 이순신의 공을 깎아 내렸지요. 그래서 이순신은 인조 때인 1643년이 되어서야 '충무공' 시호를 받았어요. 그 뒤 정조 때인 1793년에는 조선 시대 최고 지위인 영의정까지 올랐답니다.

★**시호** 죽은 뒤에 그의 공을 칭찬하기 위해 붙인 이름이에요.

한국사 배움터

공신이 되면 좋은가요?

공신은 나라에 공을 세운 사람을 말해요. 공신이 되면 집안 대대로 먹고살 수 있는 땅과 벼슬이 내려졌어요. 선조는 신하들과 상의해서 공신을 뽑았어요. 선조는 자신이 피란 가는 데 함께했던 사람들을 공신으로 가장 많이 뽑았어요. 하지만 나라를 지키기 위해 목숨 바쳐 싸운 의병들은 공신에 넣지 않았지요. 선조가 공신으로 뽑은 사람의 수는 이와 같아요.

- **선무공신** 일본군을 물리친 군사(18명)
- **청난공신** 이몽학의 반란을 막은 사람(5명)
- **호성공신** 한성에서 의주까지의 피란길에 왕을 따르고 보호했던 사람(86명)

사라진 쌍룡검과 남겨진 숙제

아산 현충사에서 다시 만난 이순신

조선 제19대 왕인 숙종 때 충청남도 아산 지역 선비들이 이순신의 사당을 지어 달라고 호소했어요. 나라를 구한 위인인데 그 업적과 넋을 기리기 위한 사당 하나 없다는 게 너무 안타까웠거든요.
숙종은 선비들의 뜻을 받아들여 아산에 사당을 세우도록 하고, 직접 쓴 '현충사' 현판을 현충사 안에 걸게 했어요.

죽어서도 영웅이 되다

하지만 일제 강점기에는 현충사가 일본에 의해 없어질 뻔하기도 했어요. 그럼에도 불구하고 1932년에는 전 국민이 성금을 모아 현충사를 지켰고, 1963년 이후에는 현충사의 규모를 더욱 키웠어요. 현충사에는 이순신이 전쟁 중에 사용했던 무기, 전쟁을 기록한 책들이 전시되어 있답니다.

현충사

사라진 쌍룡검을 찾아라!

아산 현충사에는 커다란 검이 전시되어 있어요. 칼자루에는 '석자 칼로 하늘에 맹세하니, 산과 물이 떤다. 한 번 휘둘러 쓸어버리니, 피가 산과 물을 물들인다.'라는 글자가 새겨져 있어요.
하지만 이 칼은 이순신이 실제로 사용했던 칼이 아니라 장식용 칼이에요. 이순신은 이 칼을 머리맡에 걸어 두고 정신을 가다듬었어요.

이 칼은 내 머리맡에 두고 자던 장식용이야.

죽어서도 영웅이 되다

실제로 이순신이 사용했던 칼은 '쌍룡검'이에요. 1910년까지 조선 왕실에 관한 일을 하던 관청 박물관에 보관 중이었는데, 어느 순간 사라져 버렸어요. 6·25전쟁 때 사라진 것인지, 일제 강점기 때 일본이 어디로 빼돌린 것인지 알 수가 없어요. 1984년 이종학이라는 학자가 쌍룡검의 존재를 밝혀내기 전까지 사라진 사실조차 모르고 있었거든요. 쌍룡검을 찾는 것은 우리 후손들의 숙제랍니다.

나와 함께 전장을 누비던 쌍룡검은 어디 간 것이냐?

우리와 영원히 함께 사는 이순신

서울 광화문 광장 한가운데에는 이순신 동상이 있어요.

동상을 받치고 있는 돌기둥 옆면에는 거북선과 판옥선이 그려져 있지요.

동상은 1968년 4월 27일에 세워졌어요.

광화문역 지하에 있는 '충무공 전시실'에서도 이순신을 만날 수 있답니다.

죽어서도 영웅이 되다

전라남도에는 '이순신 길, 백의종군로'라는 이순신 테마길이 있어요. 이순신이 백의종군하여 전쟁에 참가하기 위해 떠난 길을 말해요. 이순신은 백의종군로를 걸으며 남해안 일대를 살피고 지휘부와 연락하면서 전투 방법을 연구했어요. 오랜 세월이 지난 지금, 사람들은 백의종군로를 걸으며 이순신의 나라 사랑하는 마음과 힘든 시기를 이겨 낸 우리 민족의 자부심을 느끼고 있답니다.

인물 놀이터

이순신은 우리나라를 위해 끝까지 싸우다가 일본군이 쏜 총탄을 맞고 목숨을 잃었어요. 우리나라를 위해 목숨을 바친 이순신 장군님께 감사 편지를 써 보세요.

 **정답**

▼ 36~37쪽

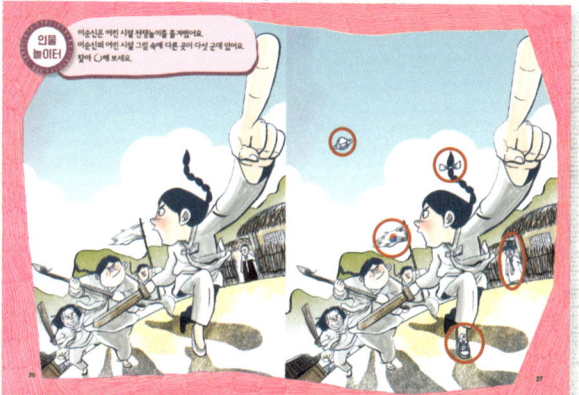

▼ 144~145쪽

▼ 164~165쪽

 그림으로 보는 이순신

연도	날짜(음력 통일)	나이	사건
1545년(인종 1년)	3월 8일 (양력 4월 28일)	1세	한성 건천동에서 이정의 셋째 아들로 태어남.
	불명확		어린 시절 어머니의 고향인 충청도 아산군으로 이사함.
1565년(명종 20년)		21세	보성 군수 방진의 딸과 결혼함.
1572년(선조 5년)	8월	28세	훈련원 별과에 응시하였으나 시험 도중 말에서 떨어져 불합격. ★**별과** 나라의 경사나 특별한 일이 있을 때 임시로 보는 시험
1576년(선조 9년)	2월	32세	식년 무과에서 병과에 합격함. ★**식년 무과** 3년마다 정기적으로 무관을 뽑기 위해 실시한 시험
1576년(선조 9년)	12월	32세	함경도 동구비보의 권관이 됨. ★**권관** 변방의 수비를 맡은 종9품의 무관 벼슬
1579년(선조 12년)	2월	35세	한성 훈련원의 봉사가 됨. ★**봉사** 종8품의 벼슬로 훈련원의 최하위직에 속함
1579년(선조 12년)	10월	35세	충청도 병마절도사의 군관이 됨.
1580년(선조 13년)	7월	36세	전라좌수영 안에 있는 발포에서 수군만호가 됨. ★**만호** 종4품의 무관 벼슬
1582년(선조 15년)	1월	38세	서익이 무기 관리를 소홀히 한다고 보고해 수군만호에서 파직.
1582년(선조 15년)	5월	38세	다시 훈련원 봉사가 됨.
1583년(선조 16년)	7월	39세	함경도 병마절도사인 이용 아래의 군관이 됨.
1583년(선조 16년)	11월	39세	여진족 우두머리 울지내를 잡았으나 김우서의 반대로 큰 상은 받지 못하고 훈련원 참군으로 승진. ★**참군** 훈련원 관직으로 정7품
1583년(선조 16년)	11월 15일	39세	아버지 이정의 사망으로 관직을 쉬고 3년 상을 치름.
1586년(선조 19년)	1월	42세	여진족의 침입이 잦은 함경도 조산보의 만호가 됨.
1587년(선조 20년)	8월	43세	함경도 두만강 부근의 녹둔도의 둔전관 일을 같이 하게 됨. ★**녹둔도 둔전관** 녹둔도의 농장을 관리하고 백성을 보호하는 일을 함
1587년(선조 20년)	8월	43세	녹둔도 전투로 인해 파직되고 10월에 백의종군함.
1588년(선조 21년)	2월	44세	여진족 우두머리 우울기내를 잡고 능력을 인정받음.
1589년(선조 22년)	12월	45세	전라도 정읍현감이 됨(태인현감까지 같이 함.). ★**현감** 종6품의 벼슬로 작은 고을을 다스리는 원님
1591년(선조 24년)	2월 13일	47세	전라좌수사(정3품)가 됨.
1592년(선조 25년)	4월 12일	48세	거북선 완성.
1592년(선조 25년)	4월 13일	48세	임진왜란 발발.
1592년(선조 25년)	4월 28일	48세	충주 탄금대에서 신립이 일본군과 싸웠으나 패배.
1592년(선조 25년)	5월 7일	48세	옥포 해전 승리.
1592년(선조 25년)	5월 7일	48세	합포 해전 승리.
1592년(선조 25년)	5월 8일	48세	적진포 해전 승리. 가선대부(종2품)로 승진.
1592년(선조 25년)	5월 29일	48세	거북선의 첫 등장으로 사천 해전 승리.
1592년(선조 25년)	6월 2일	48세	당포 해전 승리. 자헌대부(정2품)로 승진.
1592년(선조 25년)	6월 5일	48세	당항포 해전 승리.
1592년(선조 25년)	6월 7일	48세	율포 해전 승리.
1592년(선조 25년)	7월 8일	48세	한산도 대첩 승리. 정헌대부(정2품)로 승진.
1592년(선조 25년)	7월 10일	48세	안골포 해전 승리.
1592년(선조 25년)	9월 1일	48세	부산포 해전 승리.
1592년(선조 25년)	10월 5~10일	48세	김시민이 진주성에서 일본군을 크게 무찌름(진주 대첩).
1593년(선조 26년)	2월 12일	49세	권율이 행주산성에서 일본군을 크게 무찌름(행주 대첩).
1593년(선조 26년)	7월 15일	49세	수군 본부를 여수에서 한산도로 옮김.
1593년(선조 26년)	8월 15일	49세	삼도수군통제사가 됨.
1593년(선조 26년)	8월	49세	이순신의 부사 정사준이 조총과 맞먹는 정철총통을 만듦.
1594년(선조 27년)	3월 4~5일	50세	2차 당항포 해전 승리.
1597년(선조 30년)	1월	53세	명나라와 일본의 강화 협상이 깨지고 정유재란 일어남.
1597년(선조 30년)	1월	53세	삼도수군통제사에서 파직됨.
1597년(선조 30년)	3월	53세	한성으로 끌려가 감옥에 갇힘.
1597년(선조 30년)	4월	53세	2차 백의종군함. 어머니 돌아가심.
1597년(선조 30년)	7월 15~16일	53세	삼도수군통제사가 된 원균이 칠천량 해전에서 패배하고 전사.
1597년(선조 30년)	8월 3일	53세	다시 삼도수군통제사가 되어 군대를 정비함.
1597년(선조 30년)	9월 16일	53세	명량 대첩 승리. 셋째 아들 면이 일본군과 싸우다 사망.
1598년(선조 31년)	7월 16일	54세	명나라 장수 진린이 이끄는 수군과 합세함.
1598년(선조 31년)	8월	54세	도요토미 히데요시가 병으로 사망.
1598년(선조 31년)	11월 19일	54세	노량 대첩 승리. 일본군에 총을 맞고 이순신 전사.
1604년(선조 37년)	10월		선무공신 1등에 뽑히고, 좌의정에 추증됨. ★**추증** 나라에 공이 있는 벼슬아치가 죽은 뒤에 지위를 높여 주던 일.
1643년(인조 21년)			충무라는 시호를 받음.
1706년(숙종 32년)			충청남도 아산에 현충사 건립.
1793년(정조 17년)			영의정에 추증됨.